Vorwort

Liebe Schülerin, lieber Schüler,

dieser Schulaufgabenband bietet dir die Möglichkeit, dich auf Schulaufgaben und Stegreifaufgaben im Fach BwR selbstständig vorzubereiten.

Zu allen Lehrplaninhalten der 9. Klasse findest du Aufgaben, die sich in Aufgabenstellung und Schwierigkeitsgrad unterscheiden.

In jeder Schul- und Stegreifaufgabe bist du Mitarbeiter*in einer Firma. Lies dir die Unternehmensbeschreibung jeweils aufmerksam durch, so kannst du Fehler vermeiden. Achte auch immer auf die konkreten Arbeitsanweisungen. Es ist hilfreich, wichtige Informationen, wie z. B. ein Datum, farbig zu markieren.

In der Lösung ist zu jeder Aufgabe der Schwierigkeitsgrad angegeben. Die Zeitangabe gibt dir einen Hinweis, wie lange du in etwa zum Lösen der Aufgaben brauchen solltest. Bearbeite zuerst die Aufgaben, die dir leichtfallen. Löse jede Schul- und Stegreifaufgabe ohne Hilfe und gleiche erst dann deine Ergebnisse mit den angegebenen Lösungen ab.

Denke daran: „Aus Fehlern lernt man." Führe deshalb deine Korrektur am besten mit einem Rotstift durch und nimm dir genügend Zeit dafür.

Beachte bei der Bearbeitung aller Schul- und Stegreifaufgaben:

> ✓ Arbeite zügig, sauber und ordentlich! Die Form wird mitbewertet. Unsaubere und unsachgemäße Darstellung kann nach § 21 (1) RSO zur Herabsetzung der Note führen.
> ✓ Bei Berechnungen sind alle erforderlichen Nebenrechnungen darzustellen.
> ✓ Runde die Ergebnisse auf zwei Dezimalstellen.
> ✓ Gib bei Buchungssätzen Kontoname und Betrag an.
> ✓ Weise bei deinen Ergebnissen jeweils die Einheit aus.
> ✓ Beachte: Die Umsatzsteuer beträgt 19 %, soweit nichts anderes angegeben ist.
> ✓ Achte auf die Rechtschreibung. Fachbegriffe müssen korrekt geschrieben sein.

Um den Schwierigkeitsgrad und den Zeitaufwand für jede Aufgabe einschätzen zu können, findest du im Lösungsheft vor jeder Aufgabe folgende Angaben:

🕐	Zeitangabe
🌐	Leichte Aufgabe
🌐🌐	Mittelschwere Aufgabe
🌐🌐🌐	Schwere Aufgabe

Wir wünschen dir gute Konzentration, Freude am Üben und viele Erfolgserlebnisse.

Cornelia Kasper   Ursula Stegbauer   Höß

Stegreifaufgabe 1

■ Inhalt: Wiederholung: Ein- und Verkauf

▨ Zeitbedarf: 20 Minuten

> Du bist Mitarbeiter*in in der Abteilung Rechnungswesen/Buchfüh-
> rung im Unternehmen Sportbekleidung Sporty e. K. Im Rahmen
> deiner Tätigkeit bist du mit den Aufgaben in der Buchhaltung betraut.
> Auf deinem Schreibtisch findest du einen Stapel von Belegen vor.

1 Bilde den erforderlichen Buchungssatz zu folgendem Beleg. ___ von 6 P

Stoffwelten Mottenkugel ✧ Lusenstr. 9 ✧ 94227 Zwiesel

Firma
Sportbekleidung Sporty e. K.
An der Donau 22
94469 Deggendorf

Steuernummer: 100/628/932932
USt-ID-Nr: DE 96385274202
Tel.: 0991 – 33 583
Fax: 0991 – 33 584

RECHNUNG

	Re-Nr: 1357-90	Kunden-Nr.: 3124	Re-Datum: 11.01.20..

Artikelbezeichnung	Menge	Einzel [€]	Gesamt [€]
Sportstretchstoff „Easy Superior"	150 lfm.	8,00	1.200,00
abzgl. Treuerabatt, 20 %			240,00
			960,00
zuzüglich Frachtkosten			30,00
		Gesamtsumme netto	990,00
		Umsatzsteuer, 19 %	188,10
Zahlungsziel: 11. Februar 20.. rein netto		**Gesamtsumme brutto**	**1.178,10**

Wir danken für Ihren Auftrag.
Zahlbar innerhalb von 30 Tagen ohne Abzug oder innerhalb von 10 Tagen 2 % Skonto.
Bankverbindung: Spartabank, ▮ DE10 7506 1099 0064 8951 37, BIC: GENODEF1SOW

1.1 Nenne die Belegart.

_____

1.2 Gib den Begriff (Abkürzung) an, den der Tintenfleck am Fuß der Rechnung verdeckt.

_____

1.3 Bilde den erforderlichen Buchungssatz.

[leeres Raster zum Ausfüllen]

Sportbekleidung Sporty e. K. • An der Donau 22 • 94469 Deggendorf

**Firma
Sportmode Heidi
An der Au 37
84030 Landshut**

Steuernummer: 100/628/932937
USt-ID-Nr: DE 96385274204
Tel.: 0871 – 43 58-0
Fax: 0871 – 43 58-4

RECHNUNG

Re-Nr: 6490	Kunden-Nr.: 1002	Re-Datum: 11.02.20..

Artikelbezeichnung	Menge	Einzel [€]	Gesamt [€]
Freizeitanzüge 37-84	50	45,00	2.250,00
Spezialverpackung			50,00
		Gesamtsumme netto	2.300,00
		Umsatzsteuer, 19 %	437,00
		Gesamtsumme brutto	**2.737,00**

Zahlbar innerhalb von 30 Tagen ohne Abzug oder innerhalb von 8 Tagen 2 % Skonto.
Bankverbindung: Donaubank, IBAN: DE21 7506 4088 0000 7531 24, BIC: DFBADENBPM1

2.1 Bilde den Buchungssatz zum Beleg.

2.2 Sportmode Heidi sendet 10 Anzüge (falsche Größe) zurück.
Ermittle den noch offenen Rechnungsbetrag.

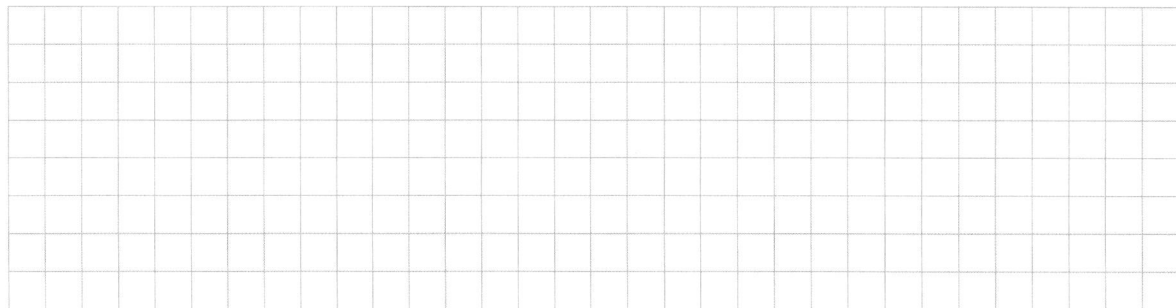

2.3 Der offene Rechnungsbetrag geht am 19.02.20.. auf dem Bankkonto ein. Buche.

3 Bilde den Buchungssatz zu folgendem Beleg. ___ von 3 P

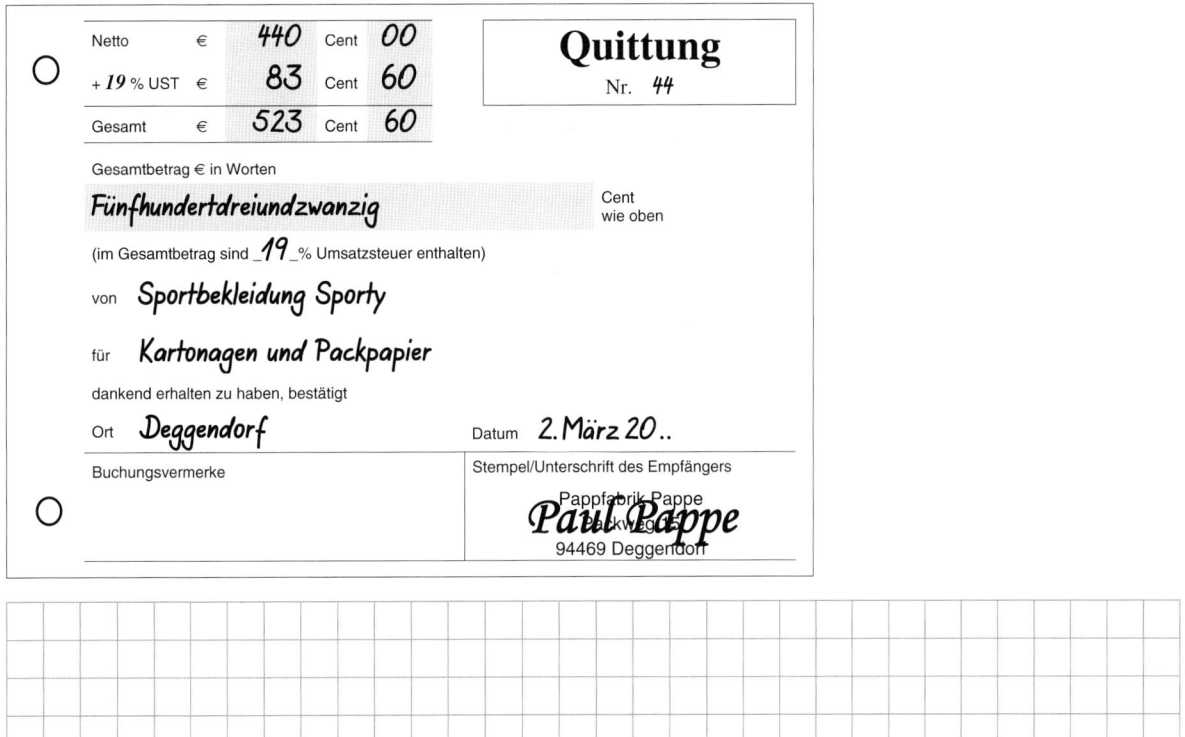

4 Am 31.12.20.. müssen noch folgende Konten abgeschlossen werden. Bilde jeweils den Buchungssatz. ___ von 4 P

4.1 6022 NH: Saldo 4.444,44 €

4.2 5000 UEFE: Saldo 99.999,00 €

Notenschlüssel

1	2	3	4	5	6	So lange habe ich gebraucht: _____
24–21,5 P	21–17,5 P	17–14,5 P	14–11,5 P	11–6 P	5,5–0 P	So viele Punkte habe ich erzielt: _____

Stegreifaufgabe 2

■ Inhalt: Privatkonto

▦ Zeitbedarf: 20 Minuten

Du bist Mitarbeiter*in in der Abteilung Rechnungswesen/Buchführung beim Einzelunternehmen Hugo Flott e. K., das traditionelle Blusen und Hemden herstellt. Aufgrund deiner Zuverlässigkeit trägst du die Hauptverantwortung in der Buchhaltung.

1   Am Montagmorgen legt die Sekretärin folgenden Beleg auf deinen Schreibtisch.   ___ von 4 P

Dreiländereck Bank				**683 900 00**
Kontoauszug 11. Mai 20 . ./09:33 Uhr		Nummer 12 Konto 5877 Hugo Flott e. K.		Seite 1/1
Bu.-Tag	Wert	Bu.-Nr.	Vorgang	Betrag (€)
10.05.	11.05.	3579	Erbschaft von Fridolin Flink vom 15. April dieses Jahres	22.000,00 (+)
Kontokorrentkredit € 30.000,00 (−) = Banklastschrift I (+) = Bankgutschrift IBAN: DE32 6839 0000 0000 0058 78 BIC: DLEBDEREBM1			alter Kontostand neuer Kontostand	5.246,00 (−) 16.754,00 (+)

1.1   Bilde zu diesem Geschäftsfall den erforderlichen Buchungssatz.

1.2   Nenne zwei weitere Möglichkeiten, dem Unternehmen Geld aus privatem Vermögen zuzuführen.

2   Bei Hugo Flott ist in diesem Geschäftsjahr einiges passiert. Bilde jeweils den Buchungssatz.   ___ von 4 P

2.1   Hugo Flott entnimmt der Geschäftskasse für den Familienurlaub 1.200,00 €.

2.2   Hugo Flott e. K. möchte eine Produktionshalle bauen. Dafür bringt der Chef das bisher privat genutzte Nachbargrundstück in die Firma ein, Wert: 46.000,00 €.

4

S		3001 P		H
1. 2880 KA	400,00	2. 2800 BK		2.000,00
4. 2800 BK	800,00	3. 2880 KA		9.200,00

3.1 Gib an, welche Aufgabe das Konto 3001 P erfüllt.

_____

_____

3.2 Bilde den Buchungssatz zum ersten Eintrag im Konto 3001.

3.3 Formuliere einen möglichen Geschäftsfall, der zu diesem Eintrag geführt hat.

_____

_____

3.4 Schließe das Konto 3001 P durch entsprechende Eintragungen im T-Konto ordnungsgemäß ab.

3.5 Bilde den erforderlichen Buchungssatz.

3.6 Unterstreiche die richtige Aussage:

In diesem Fall überwiegen die   Privateinlagen   /   Privatentnahmen   .

3.7 Was betrifft den Privatbereich von Hugo Flott? Umkreise die drei richtigen Antworten.

Lagermiete   Kindergeld   Leasingrate Firmen-PKW   Taschengeld für Tochter Mia   Haushaltsgeld

Notenschlüssel

1	2	3	4	5	6	So lange habe ich gebraucht: _____
21 – 19 P	18,5 – 16 P	15,5 – 13 P	12,5 – 10 P	9,5 – 6 P	5,5 – 0 P	So viele Punkte habe ich erzielt: _____

Stegreifaufgabe 3

■ Inhalt: Aufbauorganisation, Personalführung

▦ Zeitbedarf: 18 Minuten

Du bist Mitarbeiter*in in der Abteilung Rechnungswesen/Buchfüh-
rung der Weberei Kunterbunt e. K., die sowohl Gewebe für Beklei-
dung als auch Gewebe für hochtechnische Anwendungen herstellt.
Im Rahmen deiner Tätigkeit bist du mit den Aufgaben in der Buchhaltung betraut.

1 Dir liegt folgende Darstellung einer Organisation vor.   ___ von 13 P

1.1 Nenne den Fachausdruck für diese Art der Darstellung.

_____

1.2 Unterstreiche jeweils die richtige Antwort.

(A) Bei obiger Darstellung handelt es sich um ein   Mehrliniensystem   /   Einliniensystem   .

(B) Hier hat jeder Mitarbeiter   einen   /   mehrere   Vorgesetzten/Vorgesetzte.

(C) Bei Nr. 1 handelt es sich um eine   Ausführungsstelle   /   Leitungsstelle   .

(D) Untere Stellen haben   mehr   /   weniger   übergeordnete Leitungsstellen.

1.3 Erkläre dem Azubi Clemens folgendes Sprichwort in Zusammenhang mit einer Aufbauorganisation.

„*Viele Köche verderben den Brei.*"

_____

_____

1.4 Entscheide, ob sich folgende Aussagen auf das Einliniensystem (E) oder das Mehrliniensystem (M)
beziehen. Kreuze an (✗).

	E	M
Es können Unklarheiten zwischen den beteiligten Stellen auftreten.	☐	☐
Die Arbeitsteilung entlastet die Unternehmensleitung.	☐	☐
Die Befehls- und Dienstwege für neue Anregungen sind lang.	☐	☐
Die einzelnen Aufgabenbereiche sind eindeutig festgelegt.	☐	☐

6

1.5 Kunterbunt e. K. ist ein kleines, überschaubares Unternehmen. Welche Organisationsform eignet sich für Kunterbunt e. K. am besten? Erkläre deine Entscheidung.

2 Es gibt verschiedene Führungsstile. _____ von 6 P

2.1 Welcher Führungsstil ist in folgender Karikatur dargestellt? Beschreibe ihn anhand von zwei Merkmalen.

2.2 Ordne den einzelnen Aussagen der Mitarbeiter*innen bei Kunterbunt die entsprechende Führungstechnik zu.

Aussage	Führungstechnik
(A) Martha Mottenkugel jammert: „Mein Arbeitstag vergeht so langsam, weil ich immer nur dieselben Aufgaben zu erledigen habe. Ich fühle mich unterfordert!"	
(B) Susi Schnell stellt fest: „Wenn wir unsere Produktion in diesem Monat um 10 % erhöhen, erhalten wir eine Leistungsprämie!"	
(C) Theo Tüchtig freut sich: „Herr Kunterbunt hat mir ein neues Aufgabengebiet übertragen, bei dem ich richtig gefordert werde."	

Notenschlüssel

1	2	3	4	5	6
19 – 17 P	16,5 – 14,5 P	14 – 12 P	11,5 – 9,5 P	9 – 6 P	5,5 – 0 P

So lange habe ich gebraucht: _____

So viele Punkte habe ich erzielt: _____

Stegreifaufgabe 4

■ Inhalt: Abschreibung auf Sachanlagen

▨ Zeitbedarf: 20 Minuten

Du bist Mitarbeiter*in in der Abteilung Rechnungswesen/Buchführung im Unternehmen Bruno Glasklar e. K., das Gläser in allen Variationen und in bester Qualität herstellt. Im Rahmen deiner Tätigkeit bist du mit den Aufgaben in der Buchhaltung betraut.

1 Bruno Glasklar e. K. erwarb im März 2021 einen Polierroboter zum Preis von 150.000,00 € netto. Für den Transport fielen 1.856,40 € brutto an. Für die Installation berechnete die Montagefirma 3.141,60 € brutto. Außerdem wurde ein Rabatt in Höhe von 10 % des Kaufpreises gewährt.   ___ von 11 P

1.1 Dein Chef bittet dich, die Anschaffungskosten zu berechnen.

1.2 Bilde den erforderlichen Buchungssatz für die Eingangsrechnung.

1.3 Du hast folgende Anlagenkartei zum Polierroboter erstellt.

Anlagenkartei

Inventar-Nr. 0455	Bezeichnung der Anlage: Polierroboter	Baujahr 2021
Anlagen-Konto **???**	Kostenstelle: Fertigung	Kaufdatum: 06.03.2021
		Bestell-Nr. 15479
Voraussichtliche Nutzungsdauer:	8 Jahre	Garantie: 1 Jahr
Anschaffungskosten:	**???** €	

Jahr	Abschreibung			Reparaturen		
	%-Satz	Betrag	Buchwert	Art	Tag	€
31.12.2021			**???** €			
31.12.2022						

Berechne den jährlichen Abschreibungsbetrag.

1.4 Ermittle den Restbuchwert zum 31.12.2021.

1.5 Bilde den Buchungssatz für die Abschreibung zum 31.12.2021.

1.6 Der Polierroboter soll auch nach der vollständigen Abschreibung weiterhin im Betrieb eingesetzt werden; er wird dann mit 1,00 € in der Bilanz stehen. Nenne den entsprechenden Fachbegriff.

2 Dir liegt folgender Beleg vor.

Papermax-Büromarkt

Parkallee 101
97688 Bad Kissingen

An
Bruno Glasklar e. K.
Industriestr. 15–17
94078 Freyung

RECHNUNG Nr. 598   16.05.20..

Nr.	Stück	Artikelbezeichnung	Einzelpreis (€)	Gesamtpreis (€)
3489	2	Papierschneidemaschine „Chef"	45,00	90,00
3897	8	Druckerpatrone DP002	8,00	64,00
3654	1	Farblaserdrucker FL003	165,00	165,00
3946	2	Schreibtisch „Meister X"	670,00	1.340,00
			Warenwert, netto	1.659,00
			Umsatzsteuer 19 %	315,21
			Rechnungsbetrag	**1.974,21**

2.1 Bilde den Buchungssatz zu obigem Beleg.

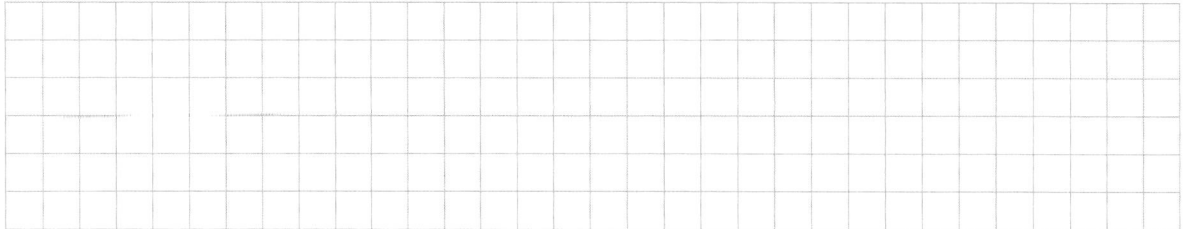

2.2 Am nächsten Tag werden zehn neue Bildschirme zu je 499,00 € netto geliefert.
Erkläre der Azubine, warum dieser Posten nicht auf das Konto 0890 GWG gebucht werden darf, und nenne ihr das notwendige Konto.

_____

_____

_____

3 Streiche jeweils alle falschen Begriffe durch. ___ von 2 P

3.1 Zu den Anschaffungsnebenkosten beim Kauf eines Grundstücks zählen unter anderem die …

Finanzierungskosten / Erschließungskosten / Maklergebühren / Notarkosten .

3.2 Zu den Anschaffungsnebenkosten beim Kauf eines LKWs zählen unter anderem die …

Sonderausstattung / Überführungskosten / Tankfüllung / Zulassungskosten .

4 Beschreibe drei mögliche Gründe für den Wertverlust des Firmen-LKWs. ___ von 3 P

_____

_____

_____

Notenschlüssel

1	2	3	4	5	6	So lange habe ich gebraucht:	_____
24 – 22 P	21,5 – 19 P	18,5 – 15,5 P	15 – 12 P	11,5 – 7 P	6,5 – 0 P	So viele Punkte habe ich erzielt:	_____

Stegreifaufgabe 5

■ Inhalt: Investitionsziele, Investitionsrechnung

▨ Zeitbedarf: 20 Minuten

Du bist Mitarbeiter*in in der Abteilung Rechnungswesen/Buchführung im Unternehmen Reitmoden Rita Rittig e. Kfr.
Im Rahmen deiner Tätigkeit bist du mit den Aufgaben in der Buchhaltung betraut.

1 Für die Anschaffung einer neuen Kartonverschließmaschine liegen zwei Angebote vor.   ___ von 9 P

	Angebot Ruck-Zuck	Angebot Ratz-Fatz
Anschaffungskosten	27.000,00 €	24.000,00 €
Nutzungsdauer	5 Jahre	5 Jahre
Max. Produktionsmenge/Jahr	120.000 Stück	120.000 Stück
Variable Kosten		
Personalkosten	28.800,00 €	27.600,00 €
Materialkosten	20.400,00 €	22.800,00 €
Energiekosten	???	16.800,00 €
Sonstige	1.200,00 €	1.400,00 €
Fixe Kosten		
Abschreibung	5.400,00 €	4.800,00 €
Kalkulatorische Zinsen	???	360,00 €
Kalkulatorischer Zinssatz	3 %	3 %
Sonstige (Versicherung, Wartung etc.)	7.500,00 €	6.900,00 €

1.1 Bei der Investitionsrechnung gibt es zwei verschiedene Methoden. Nenne sie.

1.2 Erkläre den Unterschied zwischen fixen und variablen Kosten.

1.3 Die Energiekosten pro Stück betragen für die Maschine aus dem Angebot von Ruck-Zuck 0,13 €.
Berechne die gesamten Energiekosten dieser Maschine.

11

1.4 Berechne die kalkulatorischen Zinsen für das Angebot von Ruck-Zuck.

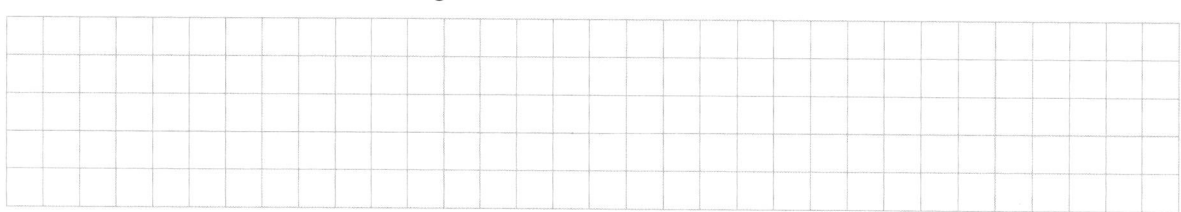

1.5 Ermittle die Gesamtkosten für das Angebot von Ratz-Fatz.

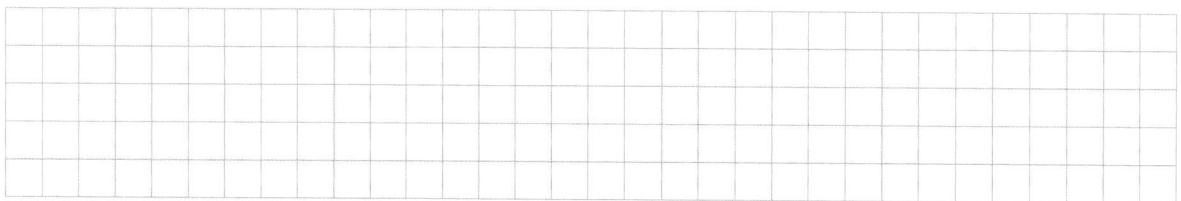

2 Auf deinem Schreibtisch liegen zwei Belege. Bilde jeweils den Buchungssatz ___ von 5 P

Beleg 1:

Hausbank Fürth-Erlangen				
Kontoauszug		Nummer 32	Konto 279064	Seite 1/1
22. November 20 . . /09:15		Reitmoden Rita Rittig e. Kfr.		
Bu.-Tag	Wert	Bu.-Nr.	Vorgang	Betrag (€)
21.11.	21.11.	2087	Versicherungsbeitrag zur Gebäudebrandversicherung	1.998,00 (–)
Kontokorrentkredit	€ 25.000,00		alter Kontostand	12.345,67 (+)
(–) = Banklastschrift ǀ (+) = Bankgutschrift			neuer Kontostand	10.347,67 (+)
IBAN: DE16 7500 0211 0000 2790 64				
BIC: HABADEFESF1				

Beleg 2:

Quittung Nr.	netto	550 €	Cent	00
	+ 19 % UST	104 €	Cent	50
	gesamt	654 €	Cent	50
Gesamtbetrag in Worten:	Sechshundertvierundfünfzig -----------------------		Cent wie oben	
von	Reitmoden Rita Rittig e. Kfr.			
für	Kundendienst Nähmaschinen dankend erhalten			
Ort:	Deggendorf	Datum: 2. März 20 ..		
Buchungsvermerke	Stempel und Unterschrift des Empfängers			
	Kunde...Service Max Murxer			
	Gewerbefeld 10-12			
	94469 Deggendorf			

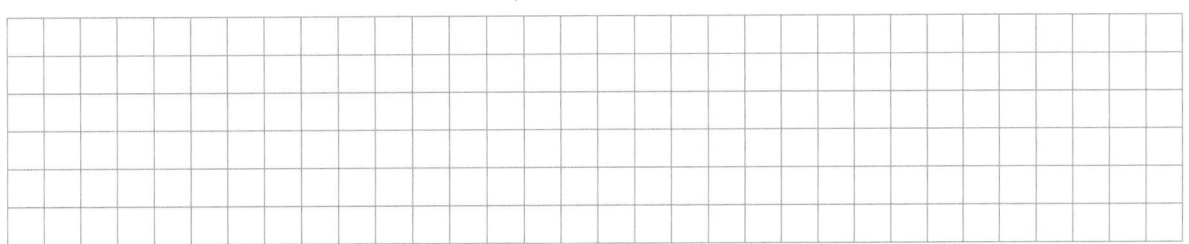

3 Dein Kollege Waldemar hat noch ein paar Fragen zu den Investitionszielen. Entscheide, ob es sich jeweils um ein ökonomisches, soziales oder ökologisches Investitionsziel handelt. ___ von 4 P

Aussagen von Rita Rittig	Investitionsziel
(A) „Wir sollten in allen Räumen und Hallen mehr Lüftungsgeräte aufstellen."	
(B) „Bei den Baumwollstoffen wollen wir mehr auf die Nachhaltigkeit achten."	
(C) „Ich möchte den Marktanteil im Inland erhöhen."	
(D) „Der Wasserverbrauch sollte gesenkt werden."	

Notenschlüssel

1	2	3	4	5	6
18 – 16 P	15,5 – 13,5 P	13 – 11 P	10,5 – 9 P	8,5 – 6 P	5,5 – 0 P

So lange habe ich gebraucht: _____

So viele Punkte habe ich erzielt: _____

Schulaufgabe 1

■ Inhalt: Unternehmensführung und Anlagenbereich, Privatkonto

■ Zeitbedarf: 50 Minuten

Kati Klunker hat sich in ihrem Werk in Regensburg auf die Produktion von nickelfreiem Modeschmuck jeglicher Art spezialisiert. Du bist Mitarbeiter*in in der Abteilung Rechnungswesen/Buchführung bei „MKK e. Kfr.". Im Rahmen deiner Tätigkeit kümmerst du dich zeitweise um Betriebspraktikantinnen und -praktikanten der örtlichen Realschule.

Informationen zum Unternehmen

Inhaberin	Kati Klunker
Rechtsform	Einzelunternehmen
Anschrift (Firmensitz)	Blechgasse 37, 93047 Regensburg
Zweck des Unternehmens	Herstellung von nickelfreiem Modeschmuck
Geschäftsjahr	1. Januar bis 31. Dezember 20..

Werkstoffe und Handelswaren

Rohstoffe	Gold, Weißgold, Silber ...
Hilfsstoffe	Draht (nickelfrei), Rundgummi (spezial), Lötzinn, Spezialkleber
Fremdbauteile	Perlen aus Glas, Karabinerverschlüsse, Ösen, Goldringe ...
Betriebsstoffe	Strom, Gas, Wasser, Reinigungsmittel ...

1 Dir liegt folgendes Organigramm vor.
___ von 7 P

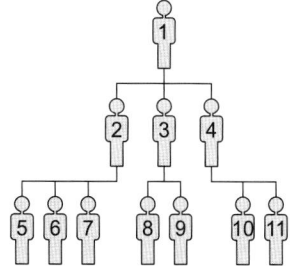

1.1 Benenne die Art des Organigramms.

_____

1.2 Welche Begriffe passen nicht zu vorliegendem Diagramm? Streiche durch.

Konflikt-gefahr	/	Flexibilität	/	lange Dienstwege	/	Übersicht-lichkeit	/	Überlastung von Frau Klunker

1.3 Die Personen 2, 3 und 4 im Organigramm haben eine Gemeinsamkeit. Beschreibe sie.

_____

_____

14

1.4 Im Besprechungszimmer von Kati Klunker diskutieren die Mitarbeiter*innen über die unterschiedlichen Aufgabenbereiche. Ordne jeder Aussage einen der folgenden Bereiche zu.

Zielsetzung – Planung – Entscheidung – Realisierung/Umsetzung – Kontrolle
(nicht alle Antwortalternativen werden benötigt)

Aussage	Bereich
(A) Anna Nass: „Für unsere neue Produktionsanlage benötigen wir dringend einen ausgebildeten Industriemechaniker mit langjähriger Berufserfahrung."	
(B) Ellen Lang: „Wir sollten unsere Ölheizungsanlage durch eine nachhaltige Heizungsanlage wie z. B. Pellets ersetzen."	
(C) Roman Tisch: „Der Austausch zwischen den Abteilungsleitern zur Verbesserung und Überprüfung unserer Abläufe muss regelmäßiger stattfinden."	

2 Das Privatkonto trennt den privaten und den betrieblichen Bereich. Im Unternehmen MKK weist es folgende Eintragungen auf.

____ von 10 P

S	3001 P		H
1. KA	800,00	3. BK	4.620,00
2. BK	8.640,00	**5. KA**	**3.380,00**
4. BK	2.740,00		

2.1 Kati Klunker erhält nicht wie ihre Angestellten monatlich einen Lohn bzw. ein Gehalt, sondern den Unternehmerlohn. Nenne die drei Bestandteile, aus denen sich der Unternehmerlohn zusammensetzt.

2.2 Formuliere einen Geschäftsfall, der zu dem Eintrag Nr. 5 geführt haben könnte.

2.3 Schließe das Konto 3001 P durch Eintragungen ins obige T-Konto zum 31.12. ordnungsgemäß ab.

2.4 Bilde den entsprechenden Buchungssatz zum Abschluss des Kontos 3001 P.

2.5 Ergänze folgenden Satz.

In diesem Fall sind die privaten Entnahmen _____ als die privaten Einlagen.

3 Kati Klunker e. Kfr. erwarb am 8. August 2019 einen Gabelstapler und erstellte folgenden Abschreibungsplan als Rechenblatt zur Tabellenkalkulation für die gesamte Nutzungsdauer von 8 Jahren.

	A	B	C	D
1	Nutzungsdauer	8 Jahre		
2	Anschaffungskosten	??? €		
3	AfA-Satz (%)/Jahr	??? %		
4	Kaufdatum	08.08.2019		
5	Datum:		AfA (€) linear	Restbuchwert
6	31.12.2019		**2.500,00 €**	45.500,00 €
7	31.12.2020		6.000,00 €	39.500,00 €
8	31.12.2021		6.000,00 €	33.500,00 €
9	31.12.2022		6.000,00 €	**27.500,00 €**
10	31.12.2023		6.000,00 €	21.500,00 €
11	31.12.2024		6.000,00 €	15.500,00 €
12	31.12.2025		6.000,00 €	9.500,00 €
13	31.12.2026		6.000,00 €	3.500,00 €
14	31.12.2027		3.500,00 €	0,00 €
15	Summe			

3.1 Ermittle den fehlenden Wert in B2.

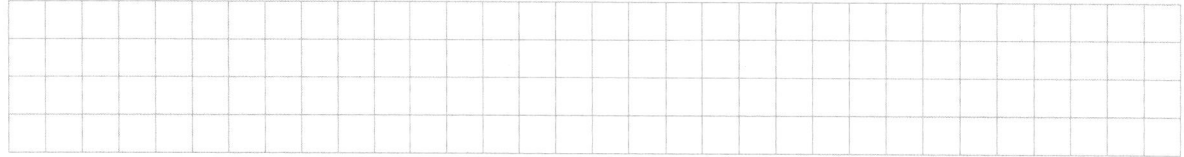

3.2 Berechne den AfA-Satz in Prozent.

3.3 Weise die Richtigkeit des Betrages in Zelle C6 rechnerisch nach.

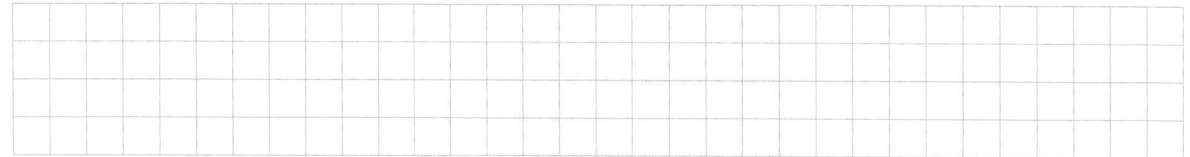

3.4 Wie lautet der Buchungssatz für die Abschreibung am 31.12.2023?

3.5 In diesem Zusammenhang hat Praktikant Leopold zwei Fragen. Beantworte sie.

– Wofür steht die Abkürzung „AfA"?

_____

– Welche zwei Gründe rechtfertigen eine Abschreibung auf Sachanlagen?

_____

4 Auf deinem Schreibtisch liegen verschiedene Belege, die buchhalterisch erfasst werden müssen. Bilde jeweils die notwendigen Buchungssätze. ___ von 12 P

Beleg 1:

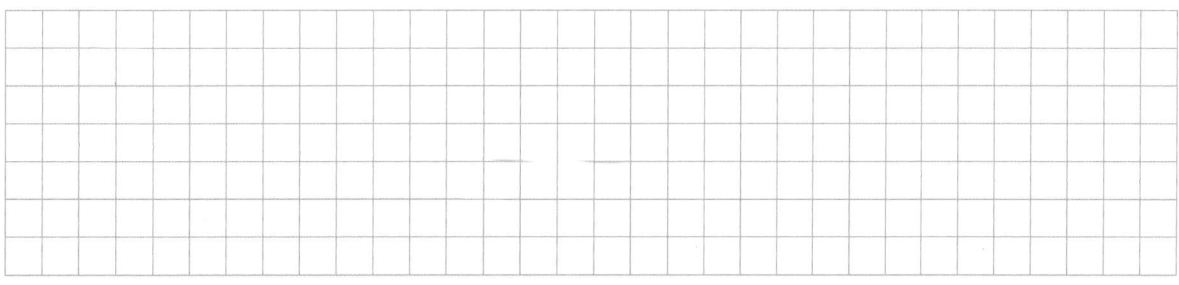

Beleg 2:

Quittung Nr.	netto	80 €	Cent	00
	+ 19 % UST	15 €	Cent	20
	gesamt	95 €	Cent	20

Gesamtbetrag in Worten: *fünfundneuzig -----------------------* | Cent wie oben

von *Kati Klunker e. Kfr.*

für *20 Packungen Kopierpapier*

dankend erhalten

Ort: *Augsburg*   Datum: *6. Juni 20 . .*

Buchungsvermerke

Stempel und Unterschrift des Empfängers

S. Sausewind

~~Firma Schreiberling~~
~~Gewerbefeld 10-12~~
86150 Augsburg

Beleg 3:

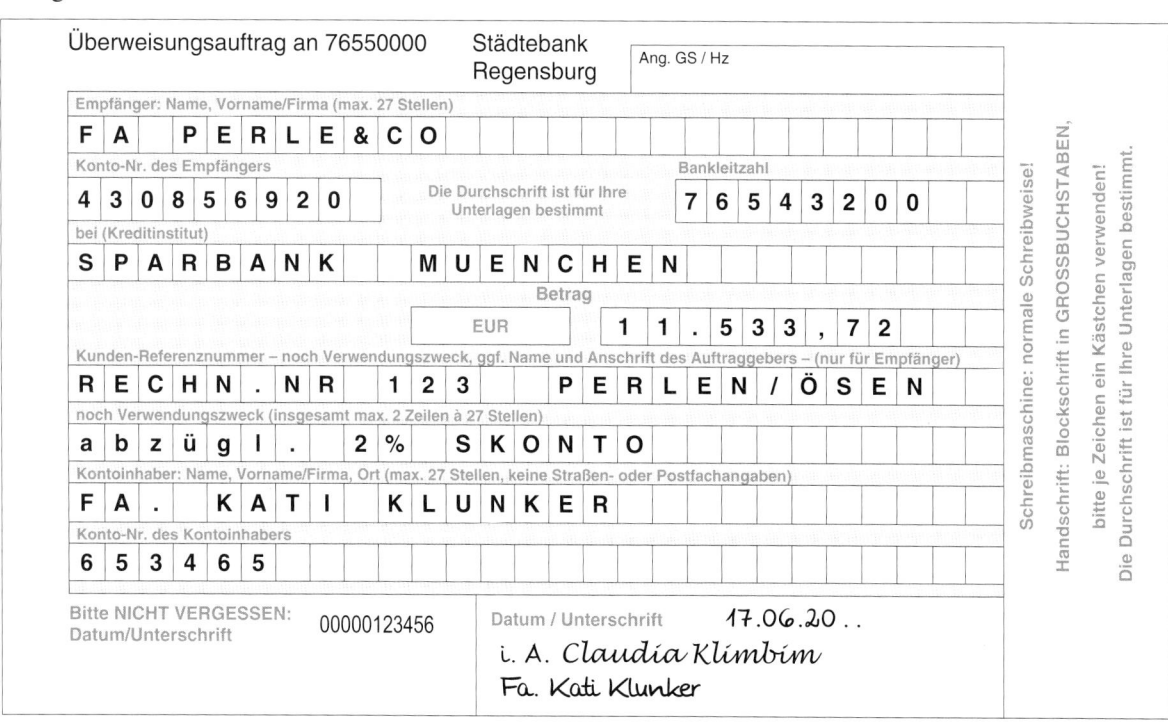

Überweisungsauftrag an 76550000   Städtebank Regensburg   Ang. GS / Hz

Empfänger: Name, Vorname/Firma (max. 27 Stellen)

F A   P E R L E & C O

Konto-Nr. des Empfängers

4 3 0 8 5 6 9 2 0

Die Durchschrift ist für Ihre Unterlagen bestimmt

Bankleitzahl

7 6 5 4 3 2 0 0

bei (Kreditinstitut)

S P A R B A N K   M U E N C H E N

Betrag

EUR   1 1 . 5 3 3 , 7 2

Kunden-Referenznummer – noch Verwendungszweck, ggf. Name und Anschrift des Auftraggebers – (nur für Empfänger)

R E C H N . N R   1 2 3   P E R L E N / Ö S E N

noch Verwendungszweck (insgesamt max. 2 Zeilen à 27 Stellen)

a b z ü g l .   2 %   S K O N T O

Kontoinhaber: Name, Vorname/Firma, Ort (max. 27 Stellen, keine Straßen- oder Postfachangaben)

F A .   K A T I   K L U N K E R

Konto-Nr. des Kontoinhabers

6 5 3 4 6 5

Bitte NICHT VERGESSEN: Datum/Unterschrift   00000123456

Datum / Unterschrift   *17.06.20 . .*

i. A. Claudia Klimbim
Fa. Kati Klunker

Schreibmaschine: normale Schreibweise!
Handschrift: Blockschrift in GROSSBUCHSTABEN,
bitte je Zeichen ein Kästchen verwenden!
Die Durchschrift ist für Ihre Unterlagen bestimmt.

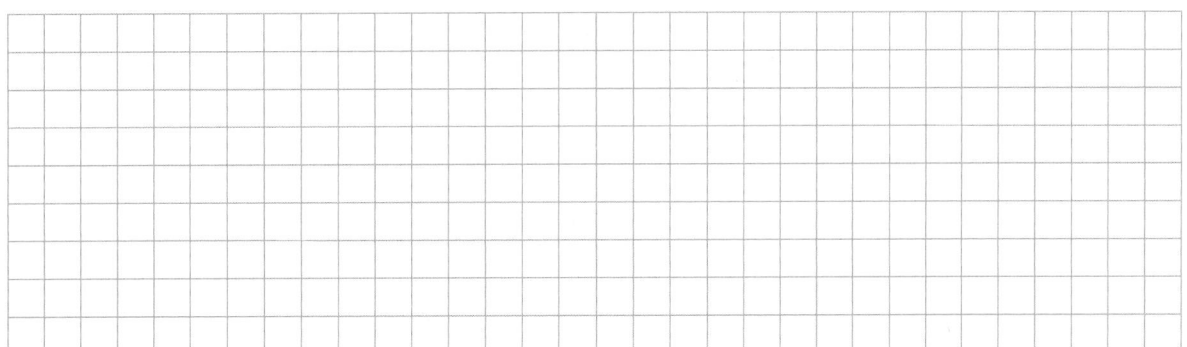

5 Im Unternehmen Kati Klunker finden sich am Jahresende u. a. folgende Kontensummen.   ___ von 9 P

Konto	Soll	Haben
0500 GR	100.000,00 €	
0530 BVG	420.000,00 €	
0890 GWG	3.100,00 €	
2000 R	55.000,00 €	
3000 EK		234.700,00 €
3001 P	14.500,00 €	
3670 EWB	22.840,00 €	
3680 PWB		1.080,00 €
4400 VE		84.840,00 €
5000 UEFE		162.300,00 €
5001 EBFE	5.200,00 €	
6000 AWR	80.000,00 €	
6001 BZKR	8.000,00 €	

5.1 Erkläre dem Praktikanten Leopold, welche Posten auf dem Konto „Geringwertige Wirtschaftsgüter"
buchhalterisch erfasst werden.

_____

_____

5.2 Bilde den Buchungssatz für die Abschreibung im Konto „GWG".

5.3 Gib die notwendigen Buchungssätze an, um die aufgeführten Unterkonten 3001 P, 5001 EBFE und
6001 BZKR abzuschließen.

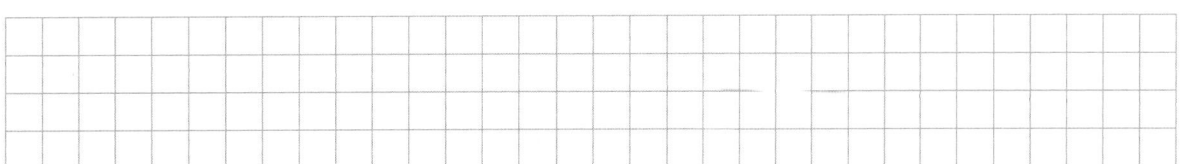

Notenschlüssel

1	2	3	4	5	6	So lange habe ich gebraucht: _____
48 – 43,5 P	43 – 37,5 P	37 – 31 P	30,5 – 23,5 P	23 – 15 P	14,5 – 0 P	So viele Punkte habe ich erzielt: _____

Schulaufgabe 2

■ Inhalte: Unternehmensführung und Anlagenbereich, Privatkonto

▧ Zeitbedarf: 50 Minuten

Gustav Zwergerl hat sich in seinem Werk in Bayerisch Eisenstein auf die Produktion von hochwertigen Spielsachen aus Holz spezialisiert. Als Mitarbeiter*in in der Abteilung Rechnungswesen/Buchführung der Firma Spielgarten Gustav Zwergerl, abgekürzt „SGZ e. K.", bist du für sämtliche buchhalterischen Aufgaben zuständig.
Zusätzlich kümmerst du dich zeitweise um Betriebspraktikantinnen und -praktikanten der örtlichen Realschule, derzeit um Praktikantin Auguste.

Informationen zum Unternehmen

Inhaber	Gustav Zwergerl
Rechtsform	Einzelunternehmen
Anschrift (Firmensitz)	Am Wald 22, 94252 Bayerisch Eisenstein
Zweck des Unternehmens	Herstellung von hochwertigem, schadstofffreiem Holzspielzeug
Geschäftsjahr	1. Januar bis 31. Dezember 20..

Werkstoffe und Handelswaren

Rohstoffe	heimische Hölzer
Hilfsstoffe	Spezialscharniere …
Fremdbauteile	ungiftige Lacke, Nägel, Schrauben …
Betriebsstoffe	Strom, Gas, Wasser, Reinigungsmittel …

1 Bei einem Meeting mit Geschäftskollegen geht es unter anderem um das Thema Personalführung. ___ von 5 P

1.1 Im Unternehmen *SGZ* wird der kooperative Führungsstil gepflegt. Erkläre diesen anhand zweier Merkmale.

_____

_____

1.2 Verbinde die Aussagen mit der entsprechenden Führungstechnik.

Aussagen
(A) Herr Schraufnagel: „Wir legen Ziele gemeinsam fest."
(B) Herr Quirlig: „Ich übertrage anspruchsvolle Aufgabenbereiche an erfahrene Mitarbeiter."
(C) Frau Herzig: „Meine Mitarbeiter arbeiten selbstständig an ihren Aufgaben, sodass ich mich auf die Härtefälle konzentrieren kann."

Bereich
Management by Exception
Managemt by Objectives
Management by Delegation

2 Im Unternehmen Gustav Zwergerl werden immer wieder Investitionen getätigt. Entscheide, um welche Investitionsart es sich bei folgenden Beispielen handelt.

___ von 3 P

Vorgang	Investitionsart
(A) Gustav Zwergerl möchte die alte Fräsmaschine durch eine moderne, computergesteuerte CNC-Fräse austauschen.	
(B) Aufgrund des Anbaus der Produktionshalle werden neue Maschinen benötigt.	
(C) Durch den Kauf der neuen, effizienteren Maschine in der Produktion können Mitarbeiter eingespart werden.	

3 Gustav Zwergerl benötigt eine neue CNC-Fräsmaschine. Folgende Daten zum Angebot von Alfons Fräsix liegen vor.

___ von 6 P

Angebot – CNC-Fräsmaschine	
Anschaffungskosten	66.500,00 €
Nutzungsdauer	7 Jahre
Abschreibung pro Jahr	???
Kalkulatorische Zinsen pro Jahr	975,00 €
Gewinn pro Jahr	20.400,00 €
Amortisationszeit	???

3.1 Berechne die jährliche Abschreibung.

3.2 Berechne die Amortisationszeit.

3.3 Begründe, ob sich Herr Zwergerl für das Angebot von Fräsix entscheiden soll.

3.4 Ergänze die Lücke.

Liegen zwei Angebote für eine CNC-Fräsmaschine vor, helfen Herrn Zwergerl zwei Methoden der Investitionsrechnung bei der Entscheidungsfindung: die Amortisationsrechnung und die

_____ .

4 Wegen der Erweiterung der Produktionshalle muss *SGZ* eine Lagerhalle anmieten. Monatlich fallen hierfür 13.500,00 € netto Miete an, die das Geschäftsbankkonto belasten.
Bilde den erforderlichen Buchungssatz. _____ von 3 P

5 Ein Azubi bittet dich um Hilfe. Gib an, auf welchen Konten folgende Geschäftsfälle erfasst werden. _____ von 5 P

(A) <u>Werbeaufschrift auf dem neuen Lieferwagen</u> von SGZ e. K., netto 235,00 €.

_____

(B) Kauf von <u>fünf Taschenrechnern</u> zu je 45,00 €, zuzüglich UST.

_____

(C) <u>Spenglerarbeiten am Betriebsgebäude</u> (Erneuerung der fehlerhaften Dachrinne), 1.035,30 € brutto.

_____

(D) Anschaffung eines <u>neuen Faxgerätes</u> für brutto 464,10 €.

_____

(E) Kauf von <u>zwei Kanistern Schmieröl</u> für die CNC-Fräsmaschine, 66,00 € netto.

_____

6 Dir liegt nachstehende unvollständige Anlagenkarte der Firma SGZ e. K. vor. _____ von 14 P

Anlagenkarte			SGZ		Am Wald 22 94252 Bayerisch Eisenstein
Inventar-Nr. 257		Bezeichnung der Anlage: Hitze-Pressmaschine		Baujahr 2020	
Anlagen-Konto **???**		Kostenstelle: Fertigung		Kaufdatum: 03.11.2020	
Lieferant: Schraufnagl GmbH, Hamburg				Bestell-Nr. 15479	
Voraussichtliche Nutzungsdauer:			**???** Jahre	Garantie: 2 Jahre	
Anschaffungskosten:			4.500,00 €		
Jahr	Abschreibung			Reparaturen	
	%-Satz	Betrag	Buchwert	Art	Tag	EUR
31.12.2020	16 2/3 %	**???** €	4.375,00 €			
31.12.2021		**???** €	**???** €			

6.1 Ergänze.

Das Steuerrecht spricht nicht von „Abschreibung", sondern von _____.

6.2 Berechne die geplante Nutzungsdauer.

6.3 Ermittle die Höhe des Abschreibungsbetrags am 31.12.2020.

6.4 Bilde den Buchungssatz für die Abschreibung zum 31.12.2021.

6.5 Unterstreiche die richtige Antwort.

Der Buchungssatz zur Abschreibung auf Sachanlagen zählt zu den …

| laufenden Buchungen. | / | vorbereitenden Abschlussbuchungen. | / | Hauptabschlussbuchungen. |

6.6 Ermittle den Buchwert am Ende des Jahres 2021.

6.7 Die Abschreibung eines Gabelstaplers hat deine Kollegin Klara grafisch wie folgt dargestellt:

66 000
55 000
44 000
33 000
22 000
11 000

Ergänze die Lücken:

Die Darstellung zeigt das _____ Abschreibungsverfahren. Die dunkelgrauen

Felder stellen den _____-wert dar, während die hellgrauen Felder den jeweiligen

_____ kennzeichnen. Die Anschaffungskosten betragen insgesamt

_____ €. Davon werden jährlich _____ € abgeschrieben.

23

Bei *SGZ* wird dir folgender Kontoauszug zur Bearbeitung vorgelegt.

Bayerwaldbank			**K O N T O A U S Z U G**		
Kontoauszug 01. Dezember / 11:11 Uhr			Firma SGZ Am Wald 22 94252 Bayerisch Eisenstein		Nummer 25 Seite 1/1
Bu.-Tag	Wert	Bu.-Nr.	Vorgang		Betrag (€)
29.11.	29.11.	6543	Erwerb Lagerhalle – Grunderwerbsteuer (3,5 %)		9.450,00 (–)
Kontokorrentkredit	€ 30.000,00		alter Kontostand		11.713,13 (–)
(–) = Banklastschrift	(+) = Bankgutschrift		neuer Kontostand		21.163,13 (–)
IBAN: DE21 730 599 99321654 BIC: DLEBDEREBM1					

7.1 2.450,00 € der gezahlten Grunderwerbsteuer (siehe Kontoauszug) fallen für das Grundstück an. Ermittle den Wert des Grundstücks sowie den Kaufpreis der Lagerhalle.

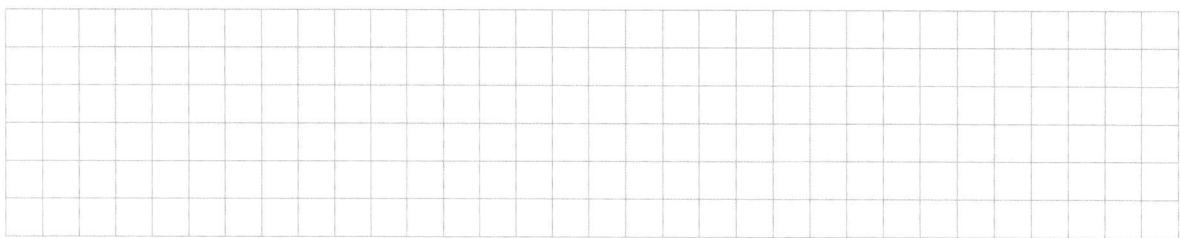

7.2 Bu.-Nr. 6543: Bilde den entsprechenden Buchungssatz.

7.3 Die Grunderwerbsteuer gehört beim Kauf von Immobilien zu den Anschaffungsnebenkosten. Nenne zwei weitere Beispiele für Anschaffungsnebenkosten beim Immobilienkauf.

7.4 Erläutere, welche Besonderheit bei Immobilien hinsichtlich der Abschreibung zu beachten ist.

Das Konto 3000 EK bei *SGZ* weist zum Ende des Jahres folgende Eintragungen auf.

S		3000 EK		H
3001 P	12.700,00	AB		222.800,00
8010 SBK		8020 GUV		82.400,00

8.1 Ermittle durch Eintragungen im T-Konto buchhalterisch den Schlussbestand.

8.2 Unterstreiche die richtige Antwort:

SGZ erzielte einen 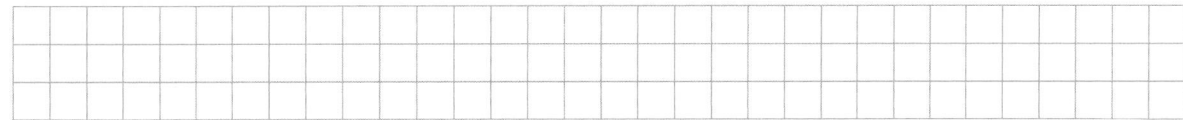 Reingewinn / Reinverlust .

Beim Eintrag 12.700,00 € handelt es sich um eine Privateinlage / Privatentnahme .

Buchungssatz beim Abschluss des Kontos 3000 EK: EK an SBK / SBK an EK .

8.3 Bilde den Buchungssatz beim Abschluss des Kontos 3001 Privat.

Notenschlüssel

1	2	3	4	5	6	So lange habe ich gebraucht: _____
51–45 P	44,5–38,5 P	38–32 P	31,5–25,5 P	25–16	15,5–0 P	So viele Punkte habe ich erzielt: _____

Stegreifaufgabe 6

■ Inhalt: Eigen- und Fremdfinanzierung

▥ Zeitbedarf: 20 Minuten

Du bist Mitarbeiter*in in der Abteilung Rechnungswesen/Buchführung im Unternehmen Süßwaren Elly Schleck e. Kfr., das edle Schokoladen und Pralinen herstellt. Im Rahmen deiner Tätigkeit bist du mit den Aufgaben in der Buchhaltung betraut.

1 Kennzeichne die Fälle mit dem richtigen Buchstaben: Eigenfinanzierung (E), Fremdfinanzierung (F). ___ von 4 P

Fall	Finanzierungsform
(A) Elly Schleck behält den Gewinn ein.	
(B) Elly Schleck nimmt ein Darlehen auf, Laufzeit 4 Jahre.	
(C) Elly Schleck least einen LKW.	
(D) Elly Schleck legt aus dem Privatvermögen Bargeld in die Kasse.	

2 Dir liegt folgende Bilanz der Firma Elly Schleck e. Kfr. vor. ___ von 10 P

AKTIVA		Bilanz zum 31.12.20.. (in €)	PASSIVA
I Anlagevermögen		**I Eigenkapital**	781.137,00
1. Grundstücke	810.000,00	**II Fremdkapital**	
2. BVG	440.000,00	*Langfristige Schulden*	
3. Maschinen u. Anlagen	223.000,00	Langfr. Bankverbindlichkeiten	880.000,00
4. Fuhrpark	107.850,00	*Kurzfristige Schulden*	
5. Büromaschinen	10.280,00	Verbindlichkeiten bei Lieferern	246.510,00
6. Büromöbel/GA	50.000,00		
II Umlaufvermögen			
1. Vorräte	77.200,00		
2. Forderungen	92.200,00		
3. Bankguthaben	89.595,00		
4. Kassenbestand	7.522,00		
Gesamtvermögen	**1.907.647,00**		**1.907.647,00**

2.1 Unterstreiche die richtige Antwort:

Die Aktivseite der Bilanz zeigt die   Investition   /   Finanzierung   .

Die Passivseite der Bilanz zeigt die   Mittelherkunft   /   Mittelverwendung   .

2.2 Ermittle die Eigenkapitalquote.

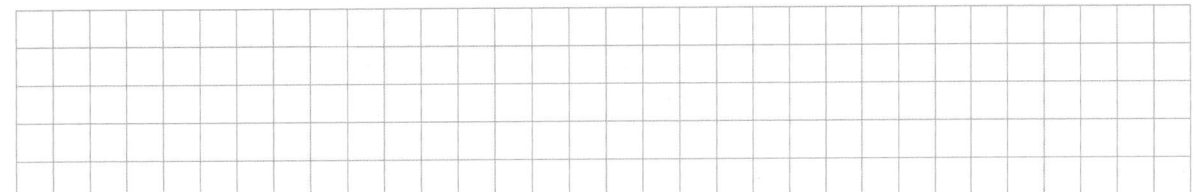

2.3 Aus einer Fachzeitschrift kannst du den Durchschnittswert der Eigenkapitalquote mittelständischer Unternehmen in Deutschland entnehmen. Aktuell liegt er bei 35,7 %.
Vergleiche und beurteile die Eigenkapitalquote von Elly Schleck mit dem Durchschnittswert.

2.4 Überprüfe rechnerisch, ob Elly Schleck die Goldene Finanzierungsregel einhält.

AKTIVA	Bilanz zum 31.12.20.. (in €)		PASSIVA
Anlagevermögen	1.641.130,00	Eigenkapital	781.137,00
Umlaufvermögen	266.517,00	Langfr. FK	880.000,00
		Kurzfr. FK	246.510,00
	1.907.647,00		**1.907.647,00**

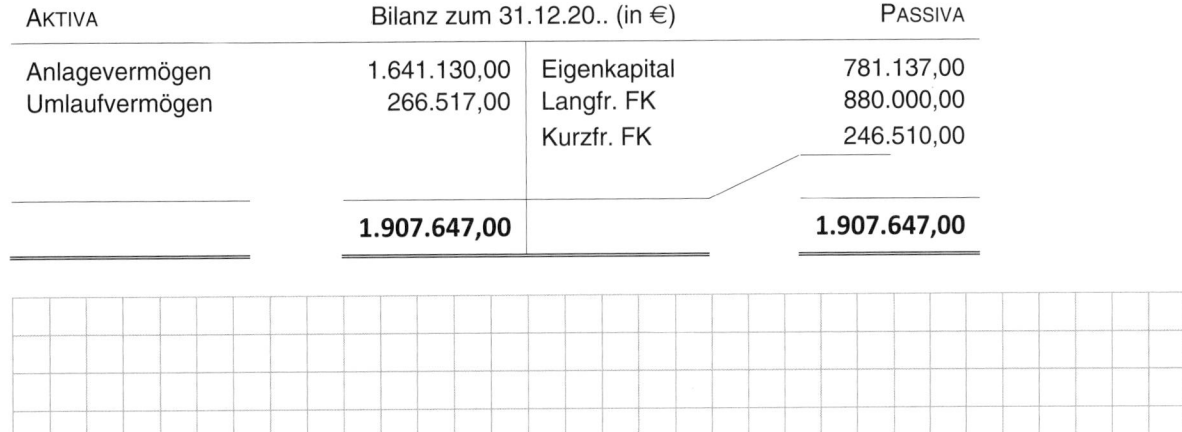

3 Elly Schleck benötigt für die Schokoladenherstellung eine neue Temperiermaschine.   ___ von 6 P

3.1 Sie überlegt, welche Möglichkeiten der Eigenfinanzierung sie hat. Nenne zwei Formen.

3.2 Vervollständige den Lückentext.

Eine andere Möglichkeit ist die Fremdfinanzierung. Dabei fordern die Kreditinstitute Sicherheiten von Elly Schleck, wie z. B. _____ und _____.
Bei der Kreditaufnahme wird der Schuldendienst vertraglich geregelt. Dieser setzt sich zusammen aus _____ und _____.

Notenschlüssel

1	2	3	4	5	6	So lange habe ich gebraucht: _____
20 – 18 P	17,5 – 15,5 P	15 – 13 P	12,5 – 10 P	9,5 – 5,5 P	5 – 0 P	So viele Punkte habe ich erzielt: _____

Stegreifaufgabe 7

Inhalt: Die Zinsformeln

Zeitbedarf: 20 Minuten

Du bist Mitarbeiter*in in der Abteilung Rechnungswesen/Buchführung in der Hosenfabrik Knaller e. K., die sich vor allem auf die Herstellung von Jeans in den Trendfarben spezialisiert hat. Im Rahmen deiner Tätigkeit bist du mit den Aufgaben in der Buchhaltung betraut.

1 Entscheide, ob die Aussagen richtig oder falsch sind. Kreuze an (✗) und korrigiere falsche Aussagen.   ___ von 3 P

	Richtig	Falsch
Der Zins ist der Preis für geliehenes Geld.	☐	☐
Der Zinsbetrag entspricht in der Prozentrechnung dem Prozentwert.	☐	☐
Der Zinsbetrag berechnet sich aus Kapital und Laufzeit.	☐	☐

2 Ermittle die Laufzeit folgender Kredite.   ___ von 6 P

(A) vom **26.01.** bis **23.02.**   _____

(B) vom **13.02.** bis **30.04.**   _____

(C) vom **30.03.** bis **12.06.**   _____

(D) vom **22.06.** bis **01.08.**   _____

(E) vom **06.08.** bis **22.12.**   _____

(F) vom **30.09.** bis **15.12.**   _____

3 Bearbeite folgende Aufgaben.   ___ von 9 P

3.1 Hosenfabrik Knaller e. K. hat das Geschäftskonto für 146 Tage mit 12.850,00 € überzogen. Deshalb belastet die Ohebank die Firma mit 719,60 € Sollzinsen. Ermittle den Zinssatz.

3.2 Hosenfabrik Knaller e. K. muss für einen Kredit bei der Ilzbank 189,00 € Zinsen bezahlen. Der Kredit wurde am 10.09. bis zum 20.11. zu 9 % p. a. aufgenommen. Berechne den Kreditbetrag.

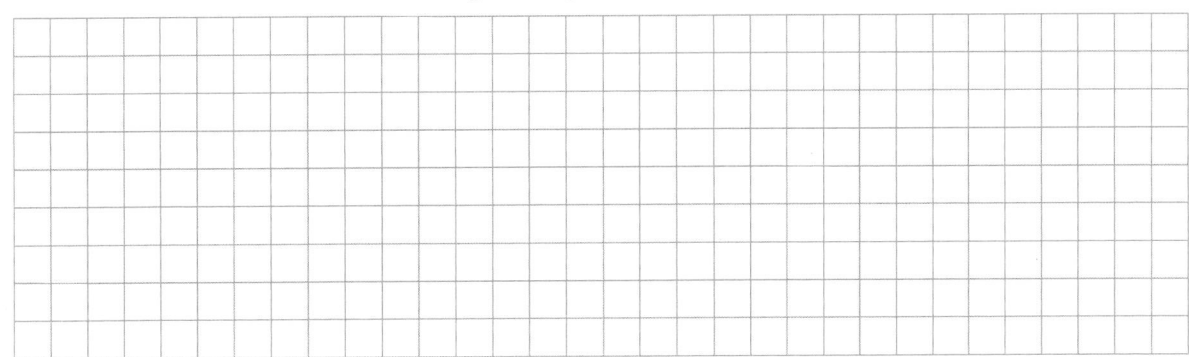

3.3 Der Seniorchef der Hosenfabrik Knaller e. K. hat für sein Enkelkind Laurentius am 07.05. ein Sparbuch mit einer Einlage von 2.600,00 € eröffnet. Berechne das Guthaben zum 01.01. des nächsten Jahres bei einer Verzinsung von 0,25 %.

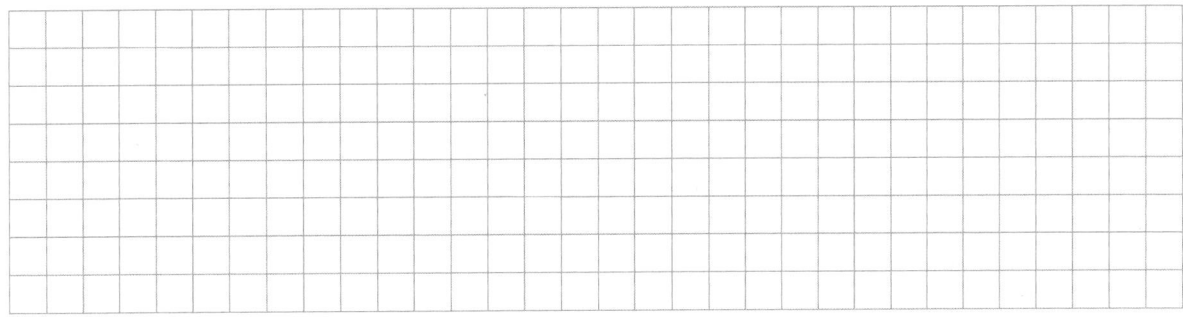

3.4 Ein Darlehen in Höhe von 65.000,00 € mit einem Zinssatz von 6 % wird bei der Dreiländerbank aufgenommen. Die Bank berechnet Zinsen in Höhe von 1.245,83 €. Ermittle die Laufzeit.

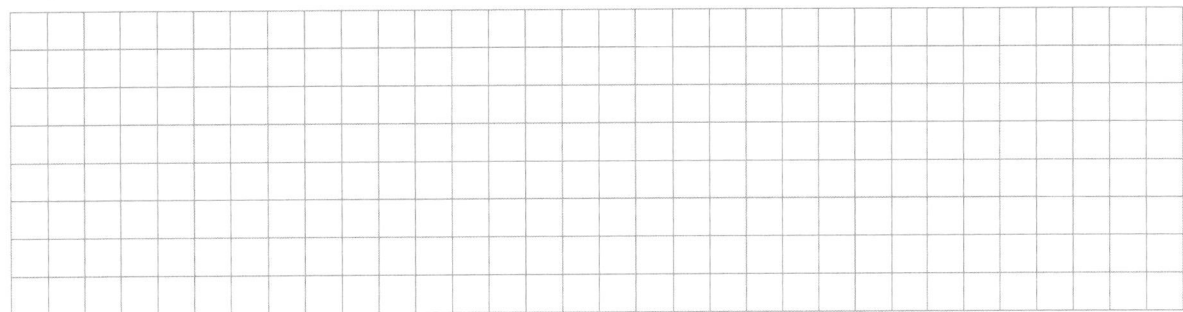

Notenschlüssel

1	2	3	4	5	6
18–16,5 P	16–14 P	13,5–11,5 P	11–9 P	8,5–6 P	5,5–0 P

So lange habe ich gebraucht: _____

So viele Punkte habe ich erzielt: _____

Stegreifaufgabe 8

■ Inhalt: Buchungen im Kreditbereich

▨ Zeitbedarf: 20 Minuten

Kasimir Kritzel stellt in seinem Werk in Holzheim Schreibstifte jeglicher Art her. Als Mitarbeiter*in in der Abteilung Rechnungswesen/Buchführung der Stiftefabrikation Kritzel e. K. liegt dir eine Reihe von Belegen zur buchhalterischen Erfassung vor.

1 Bilde den Buchungssatz zu folgendem Beleg.

___ von 2 P

○ **Sparbank Holzheim**	IBAN: DE10 7405 1199 0003 4567 86	
Kontoauszug	BIC: DLEBDELADE1	Seite 1/1
22. Februar /09:09 Uhr	Nummer 33	

Bu.-Tag	Wert	Bu.-Nr.	Vorgang	Zusatzinformation	Betrag (€)
22.02.	**23.02.**	**1111**	**Gutschrift Darlehen**	**(Laufzeit 11 Monate)**	**22.000,00 +**
Kontokorrentkredit	EUR 40.000,00			alter Kontostand	2.390,00 –
verfügbar	EUR 59.610,00			**neuer Kontostand**	**19.610,00 +**

Stiftefabrikation Kasimir Kritzel (e. K.)
Holzweg 77
89438 Holzheim

2 Ein weiterer Beleg liegt dir vor.

___ von 7 P

○ **Sparbank Holzheim**	IBAN: DE10 7405 1199 0003 4567 86	
Kontoauszug	BIC: DLEBDELADE1	Seite 1/1
27. Februar /10:10 Uhr	Nummer 37	

Bu.-Tag	Wert	Bu.-Nr.	Vorgang	Zusatzinformation	Betrag (€)
26.02.	**26.02.**	**1109**	**Gutschrift Darlehen**	**Darlehen** **Laufzeit: 15 Jahre** **Vorabzug: 1,5 % Disagio**	**177.300,00 +**
Kontokorrentkredit	EUR 40.000,00			alter Kontostand	22.460,00 –
verfügbar	EUR 194.840,00			**neuer Kontostand**	**154.840,00 +**

Stiftefabrikation Kasimir Kritzel (e. K.)
Holzweg 77
89438 Holzheim

2.1 Bilde den erforderlichen Buchungssatz.

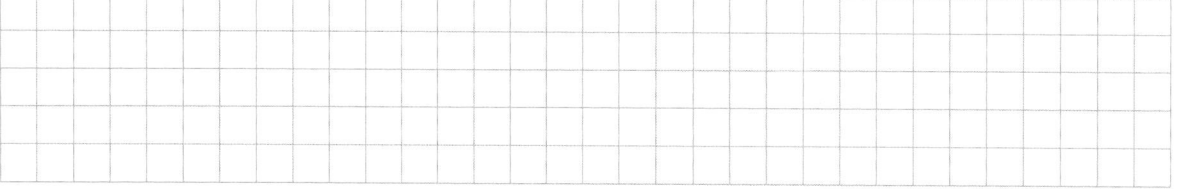

2.2 Bilde den Buchungssatz zum Schuldendienst des obigen Darlehens, der im April abgerechnet wird.

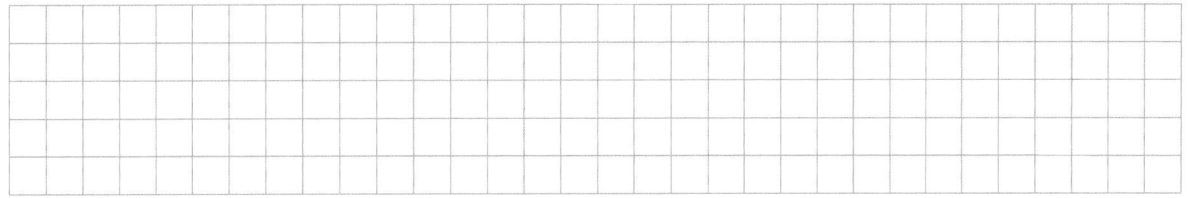

Sparbank Holzheim				IBAN DE10 7405 1199 0003 4567 86		
Kontoauszug				**BIC: DLEBDELADE1**		Seite 1/1
02. April/11:11 Uhr				Nummer 44		

Bu.-Tag	Wert	Bu.-Nr.	Vorgang	Zusatzinformation	Betrag (€)
01.04.	**30. 03.**	**1110**	Rückzahlung Darlehen		1.000,00 –
			Sollzinsen		75,00 –
Kontokorrentkredit	EUR	40.000,00		alter Kontostand	70.460,12 +
verfügbar	EUR	109.385,12		**neuer Kontostand**	**69.385,12 +**

Stiftefabrikation Kasimir Kritzel (e. K.)
Holzweg 77
89438 Holzheim

3 Holzhandel Hugo Holzer beliefert Kritzel e. K. regelmäßig mit Rohstoffen. Am 19.01. geht die Rechnung für Holz über 5.950,00 € (einschließlich UST) ein. Bilde den erforderlichen Buchungssatz. ___ von 3 P

4 Einige Zeit später findest du auf deinem Schreibtisch folgendes Schreiben. ___ von 9 P

Holzhandel Hugo Holzer (e. Kfm.)– Bayerwaldstr. 37 – 94252 Bayerisch Eisenstein

An
Stiftefabrikation Kasimir Kritzel e. K.
Holzweg 77
89438 Holzheim

Steuernummer: 100/628/932323
USt-ID-Nr.: DE 9638527410
Tel.: 09552 – 888776
Fax: 09552 – 888775
www.holz-holzer.de

Mahnung   Re-Nr.: 444/22   Kunden-Nr.: 4477   Datum: 01.04.20..

Sehr geehrte Damen und Herren,

leider konnten wir zu unserer Rechnung Nr. 444/22 vom 19. Januar, zur Zahlung fällig am 19. Februar, trotz mehrfacher Zahlungserinnerung bis heute, 01. April, noch keinen Zahlungseingang feststellen. Daher sehen wir uns gezwungen, Ihnen nachfolgende Kosten in Rechnung zu stellen:

Rechnungsbetrag, fällig am 19.02.	5.950,00 €
+ Verzugszinsen	69,42 €
+ Mahnspesen	20,00 €
Gesamtbetrag	6.039,42 €

Wir bitten um die sofortige Begleichung aller offenen Beträge.

Mit freundlichen Grüßen

Hugo Holzer

Bankverbindung: Sparbank Bayerisch Eisenstein IBAN: DE10 7405 1199 0003 4567 89, BIC: SBBADEM1SR

4.1 Formuliere den Geschäftsfall zu diesem Beleg.

4.2 Bilde den Buchungssatz für den Zahlungsverzug.

4.3 Ermittle den Zinssatz, der der Berechnung der Verzugszinsen zugrunde gelegt wurde.

5 Die Sparbank schickt folgendes Schreiben. Bilde zum Kontoabschluss alle nötigen Buchungssätze. ___ von 3 P

Sparbank Holzheim
Mitteilung

01. April / 13:13 Uhr

Buchungstag: 29.03.
Wert: 30.03.

IBAN: DE10 7405 1199 0003 4567 86   Kontokorrent
BIC: DLEBDELADE1   Seite 1/1

Anlage 1
Nummer 45

Ihr Kontenabschluss vom 01.01. bis 30.03. für **Konto 3456786**

Kontoführungsgebühr	**bis 30.03.**	**6,00 € –**
Überziehungszinsen, 14 %	**bis 30.03**	**28,24 € –**

Dieser Abschluss gilt als anerkannt, wenn Sie uns nicht innerhalb von 6 Wochen Ihre Einwendungen anzeigen; wir verweisen auf Ziffer 7 unserer allgemeinen Geschäftsbedingungen.
Bitte Rückseite beachten!

Stiftefabrikation Kasimir Kritzel (e. K.)
Holzweg 77
89438 Holzheim

Notenschlüssel

1	2	3	4	5	6
24 –22 P	21,5–19 P	18,5–15 P	14,5–12 P	11,5–7 P	6,5–0 P

So lange habe ich gebraucht: _____

So viele Punkte habe ich erzielt: _____

Schulaufgabe 3

■ Inhalt: Möglichkeiten der Finanzierung

▨ Zeitbedarf: 50 Minuten

Du absolvierst in den Ferien ein Betriebspraktikum in der Schuh-
fabrikation Schuh Trampel e. K. Firmensitz und Hauptproduktions-
ort befinden sich im niederbayerischen Passau. Dein Chef Modestus
Trampel ist sehr pingelig.

Informationen zum Unternehmen

Inhaber	Modestus Trampel
Rechtsform	Einzelunternehmen
Anschrift	Am Hafen 9, 94032 Passau
Zweck des Unternehmens	Herstellung von Schuhen in unterschiedlichen Preiskategorien
Geschäftsjahr	1. Januar bis 31. Dezember 20..

Werkstoffe und Handelswaren

Rohstoffe	Leder, Absatzgummi ...
Fremdbauteile	Schnürsenkel, Nieten ...
Hilfsstoffe	Kleber, festes Garn ...
Betriebsstoffe	Strom, Gas, Wasser, Schmierstoffe ...

1 Herr Trampel musste für den Erwerb eines LKW ein Darlehen aufnehmen. Nun möchte er wissen, wie
fit du mit Berechnungen im Bereich Finanzierung bist.

___ von 13 P

Für ein langfristiges Darlehen über 90.000,00 € zu x % Zinsen p. a. wurde ein **unvollständiger**
Tilgungsplan erstellt.

	Darlehen (€)	Tilgung (€)	Zinsen (€)	jährliche Zahlungsrate (€)
1. Jahr	90.000,00	15.000,00	4.950,00	19.950,00
2. Jahr	75.000,00	15.000,00	4.125,00	19.125,00
3. Jahr	60.000,00	15.000,00	3.300,00	18.300,00

1.1 Welcher Zinssatz liegt dem obigen Darlehen zugrunde? Berechne.

1.2 Unterstreiche jeweils die richtige(n) Antwort(en).

(A) Zu den Kreditkosten für den LKW-Kauf gehören die

Umsatzsteuer / Werbeaufschrift / Zinsen / Zulassungsgebühren .

(B) Das obige Darlehen hat eine Laufzeit von 3 / 6 / 9 / 15 Jahren.

(C) Bei dem obigen Darlehen handelt es sich um ein Abzahlungsdarlehen / Annuitätendarlehen .

(D) Bei der Angabe „x % Zinsen" handelt es sich um den   nominalen   /   effektiven   Zinssatz.

(E) Der   effektive   /   nominale   Zinssatz eignet sich zum Vergleich von Kreditangeboten.

(F) Der Zusatz „p. a." bedeutet   pro annia   /   per annum   .

(G) Trampel erhielt ein Schreiben, in dem das obige Darlehen genehmigt wurde. Daraufhin bildest du
den Buchungssatz: 2800 BK   an   4250 LBKV   90.000,00 €   /   keinen Buchungssatz   .

(H) Investitionskredite sind stets   kurzfristig   /   langfristig   .

(I) Grundsätzlich gilt der   Lieferantenkredit   /   Kontokorrentkredit   als am kostspieligsten.

1.3 Herr Trampel möchte von dir wissen, welche Formeln richtig bzw. falsch sind. Kreuze an (✗).

Richtig   Falsch

$$Z = \frac{K \cdot p \cdot t}{100 \cdot 12}$$ ☐ ☐

$$K = \frac{t \cdot 36.500}{p \cdot Z}$$ ☐ ☐

2   Neben Krediten gibt es andere Möglichkeiten der Fremdfinanzierung.   ___ von 5 P

2.1 Eine bekannte Form ist das Leasing. Benenne zwei Vorteile dieser Finanzierungsform.

_____

_____

2.2 Ordne die Begriffe (A)–(C) durch Verbindungslinien richtig zu.

| (A) Öffentliche Förderprogramme |
| (B) Abschreibung |
| (C) Gewinneinbehalt |

Eigenfinanzierung

Fremdfinanzierung

3   Schuh Trampel hat am 15.02. bei seiner Hausbank einen Kredit über 60.000,00 € zu 5 % aufgenommen. Am Ende der Laufzeit muss er einschließlich Zinsen 62.425,00 € zurückzahlen. Berechne die
Laufzeit in Tagen.   ___ von 3 P

4 Bilde zu folgendem Beleg alle erforderlichen Buchungssätze.

Ohebank					
Kontoauszug 29. 09 20 . . /9:13 Uhr	Herrn / Frau / Firma Schuh Trampel e. K. Am Hafen 9, 94032 Passau		Nummer 12 Seite 1/1		
Bu.-Tag	Wert	Bu.-Nr.	Vorgang	Betrag (€)	
30.09.	30.09.	3032	Kontoführungsgebühren	50,00	(–)
30.09.	30.09.	3033	Überziehungszinsen	82,75	(–)
Kontokorrentkredit	€ 40.000,00		alter Kontostand	25.850,58	(+)
(–) = Banklastschrift	(+) = Bankgutschrift		neuer Kontostand	25.717,83	(+)
IBAN: DE21 7409 5555 0000 0058 76 BIC: NAMLADEAA1A					

5 Dir liegt folgender Beleg vor.

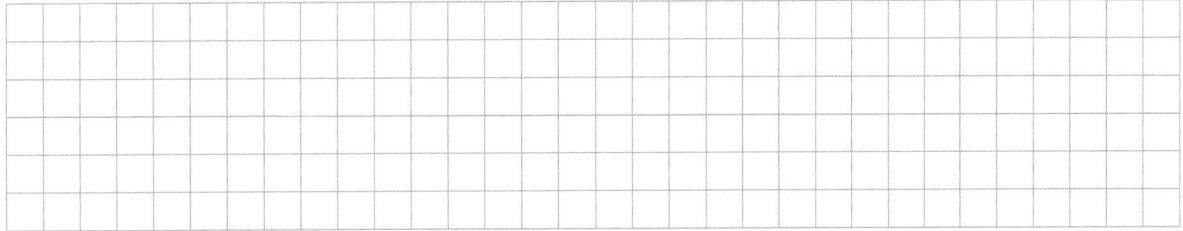

Lederherstellung Lotti

Lederherstellung Lotti • 94227 Zwiesel

Firma
Schuh Trampel e. K.
Am Hafen 9
94032 Passau

Geschäftsführer: Udo Lotti
Registergericht Zwiesel HRB 654987
Steuer-Nr.: 9325-854/654987
USt-IdNr.: DE 43456789
Bayerwaldbank IBAN: DE21 7409 9399 0008 7654 32
BIC: GENODEF1SFS
Tel.: 09922 3012-0
Fax: 09922 3012-3
Internet: www.lederherstellung-lotti.de

Zwiesel, 01. Dezember 20..

Rechnung Nr. 467-89R   Ihr Auftrag vom 25.11.20..   Kunden-Nr.: 224466

Wir lieferten Ihnen am 29.11.20..

Pos.	Menge	Art.-Nr.	Artikel	Einzelpreis (€)	Gesamtpreis (€)
1	550,40 m	246	Leder schokobraun	12,50	6.880,00
2	112 m	670	Leder mokkabraun	10,00	1.120,00
			Warenwert netto		8.000,00
			Umsatzsteuer 19 %		1.520,00
			Rechnungsbetrag		**9.520,00**

Zahlung innerhalb von 60 Tagen netto.
Bei Bezahlung innerhalb von 10 Tagen gewähren wir 3 % Skonto.
Die Ware bleibt bis zur vollständigen Bezahlung unser Eigentum.

5.1 Zum Beleg stellst du zunächst Vorüberlegungen an. Es handelt sich hierbei um …

Lieferung „ab Werk“. ☐   Lieferung „frei Haus“. ☐

einen Eigenbeleg. ☐   einen Fremdbeleg. ☐

eine Eingangsrechnung. ☐   eine Ausgangsrechnung. ☐

Rechnungsdatum ist der 25.11. ☐   29.11. ☐   01.12. ☐

5.2 Bilde den Buchungssatz zum Beleg.

5.3 Gib die Zahlungsbedingungen an.

5.4 Um den Skonto in Anspruch nehmen zu können, müsste Trampel e. K. das Geschäftsbankkonto überziehen. Nenne den Fachbegriff für die Kreditform, bei der das Geschäftsbankkonto überzogen wird.

5.5 Schuh Trampel überweist die Rechnung am 10. Dezember. Bilde den Buchungssatz.

5.6 War die Entscheidung von Schuh Trampel richtig, für die Inanspruchnahme des Skontos einen Kredit bei Sollzinsen in Höhe von 12,50 % aufzunehmen? Begründe rechnerisch.

6 Schuh Trampel benötigt einen weiteren Kredit über 40.000,00 € mit einer Laufzeit von 240 Tagen für die Anschaffung von Nähmaschinen. Es liegen zwei Angebote vor.

ILZBANK	
Kreditsumme:	40.000,00 €
Zinssatz:	4,00 % p. a.
Disagio:	3,00 %
Auszahlung:	97,00 %

OHEBANK	
effektiver Zinssatz:	8,79 %

6.1 Beweise rechnerisch, dass die Ilzbank das günstigere Angebot unterbreitet hat.

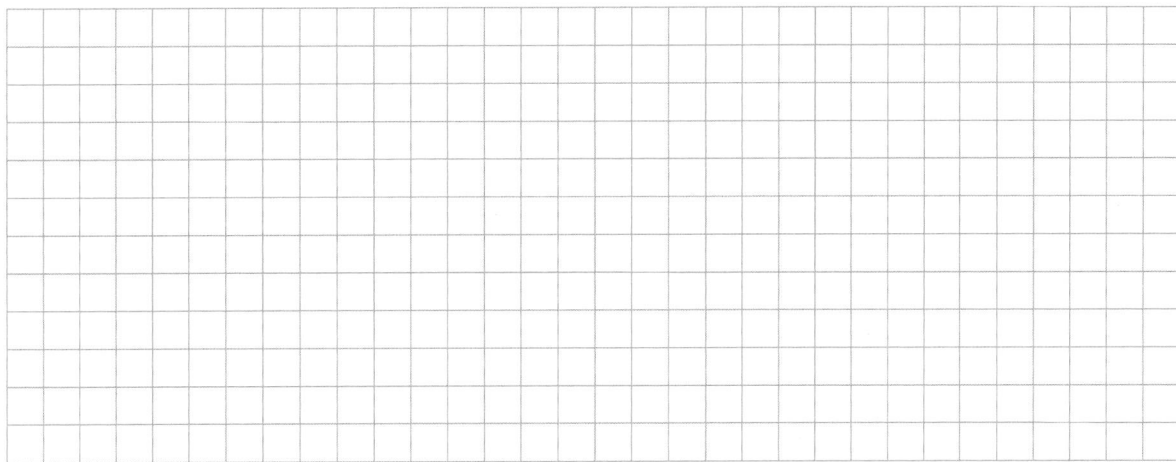

6.2 Bilde den Buchungssatz für die Bereitstellung des Kredits von der Ilzbank.

Notenschlüssel

1	2	3	4	5	6
50–45 P	44,5–39 P	38,5–32 P	31,5–25 P	24,5–17 P	16,5–0 P

So lange habe ich gebraucht: _____

So viele Punkte habe ich erzielt: _____

Schulaufgabe 4

■ Inhalte: Möglichkeiten der Finanzierung

▨ Zeitbedarf: 50 Minuten

Du bist Mitarbeiter*in des Brillenherstellers „Brillen Walter Weitblick e. K.", kurz „BWW e. K.", in Weiden. Das Unternehmen stellt unter anderem exklusive Brillen in hervorragender Qualität her. Dein Arbeitsplatz befindet sich in der Abteilung Rechnungswesen, in der heute wieder verschiedene Aufgaben auf dich warten. Auch der Praktikant Winfried stellt dir einige Fragen, die du ihm sicherlich beantworten kannst.

Informationen zum Unternehmen

Inhaber	Walter Weitblick
Rechtsform	Einzelunternehmen
Anschrift	Modestr. 37, 92637 Weiden
Zweck des Unternehmens	Herstellung exklusiver Brillen
Geschäftsjahr	1. Januar bis 31. Dezember 20..

Werkstoffe

Rohstoffe	Metallplatten, Kunststoffgranulate, Kunsthornplatten …
Fremdbauteile	Gläser in verschiedenen Stärken, Strasssteinchen …
Hilfsstoffe	Scharniere, Federscharniere, Schrauben, Legierungen …
Betriebsstoffe	Strom, Gas, Wasser, Reinigungsmittel …

1 Herr Weitblick möchte in eine neue Fertigungsmaschine investieren und benötigt dazu einen Kredit von seiner Hausbank. Beim täglichen Lesen der Tageszeitung stößt er auf folgende Grafik und erkennt, dass viele private Haushalte mit Schulden kämpfen.

___ von 8 P

1.1 Richtig (R) oder falsch (F)? Kreuze (✗) an.

	R	F
„Haben" stellt das Geldvermögen dar.	☐	☐
Insgesamt wurde mehr Geld „ausgeliehen" als „gespart".	☐	☐
Die Schulden der privaten Haushalte wurden in den Jahren 1991 bis 2018 fortlaufend kleiner.	☐	☐

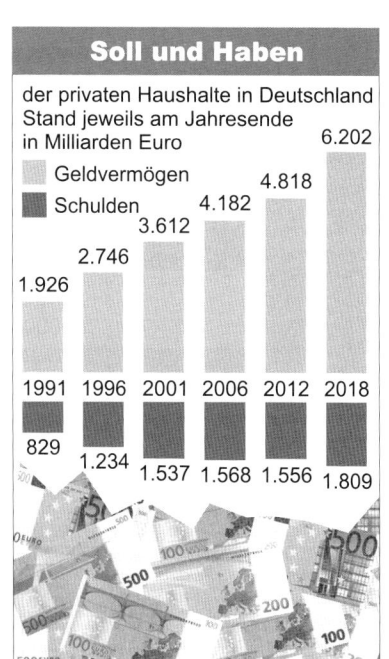

Soll und Haben

der privaten Haushalte in Deutschland
Stand jeweils am Jahresende
in Milliarden Euro

▨ Geldvermögen
▨ Schulden

6.202 · 4.818 · 4.182 · 3.612 · 2.746 · 1.926

1991 1996 2001 2006 2012 2018

829 · 1.234 · 1.537 · 1.568 · 1.556 · 1.809

1.2 Berechne den Anstieg des Geldvermögens von 2012 bis 2018 in %.

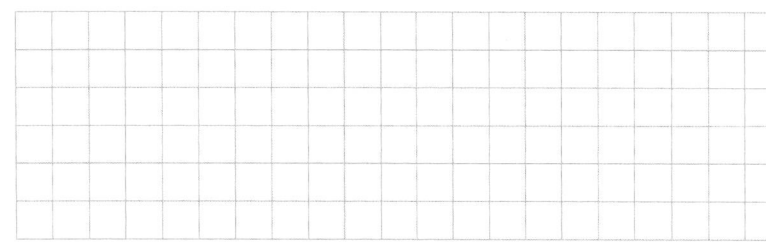

1.3 Für einen Kredit verlangt jede Bank grundsätzlich Sicherheiten, z. B. eine Bürgschaft. Nenne zwei weitere Möglichkeiten der Kreditsicherung.

_____

2 Folgender Beleg liegt dir vor. ___ von 4 P

Frankenbank Weiden			**K O N T O A U S Z U G**		
Kontoauszug 01. August/11:11 Uhr				Nummer 25 Seite 1/1	

Bu.-Tag	Wert	Bu.-Nr.	Vorgang	Betrag €
29.07.	**29.07.**	**3456**	**Sollzinsen**	**15,00 (€) –**
30.07.	**01.08.**	**3457**	**Kontoführungsgebühren**	**33,33 (€) –**

BWW e. K.
Modestraße 37
92637 Weiden

IBAN: DE21 7899 0000 0000 4376 98
BIC: HABADEFEFS1

alter Kontostand   8.800,88 (€) +
neuer Kontostand   **8.752,55 (€) +**

Ihr Kontokorrentkredit 30.000,00 €

Bilde die Buchungssätze zu den Buchungsnummern
- 3456 (am 29.07.):

- 3457 (am 30.07.):

3 Für die Anschaffung einer Glasschneidemaschine nimmt BWW e. K. ein Darlehen für den Zeitraum vom 15. August bis zum 03. Dezember auf. ___ von 10 P

Frankenbank Weiden			**K O N T O A U S Z U G**		
Kontoauszug 15. August/15:15 Uhr				Nummer 27 Seite 1/1	

Bu.-Tag	Wert	Bu.-Nr.	Vorgang	Betrag €
14.08.	**15.08.**	**3333**	**Kredit Nr. 15698723000** **abzüglich 2,25 % Disagio**	**43.401,00 (€) +**

BWW e. K.
Modestraße 37
92637 Weiden

IBAN: DE21 7899 0000 0000 4376 98
BIC: HABADEFEFS1

alter Kontostand   12.328,59 (€) –
neuer Kontostand   **31.072,41 (€) +**

Ihr Kontokorrentkredit 30.000,00 €

3.1 Berechne die Höhe dieses Darlehens.

3.2 Bilde den erforderlichen Buchungssatz.

3.3 Praktikant Winfried möchte im Zusammenhang mit diesem Darlehen wissen, ob folgende Aussagen richtig oder falsch sind. Kreuze an (✗) und verbessere falsche Aussagen.

	Richtig	Falsch
Kreditzinsen sind stets Sollzinsen.	☐	☐
Der jährliche Schuldendienst ist beim Annuitätendarlehen immer gleich hoch.	☐	☐
Beim Abzahlungsdarlehen nimmt die Tilgung zu und die Zinsen bleiben gleich.	☐	☐

3.4 Der Praktikant verwechselt immer wieder zentrale Begriffe. Entscheide jeweils und kreuze an.

	Nominalzinssatz	Effektivzinssatz
Er bezieht sich auf ein Jahr.	☐	☐
Er berücksichtigt den Auszahlungsbetrag.	☐	☐
Er berücksichtigt alle Kreditkosten.	☐	☐

4 Folgende Bilanz liegt dir vor.

AKTIVA	Bilanz zum 31.12.20.. (in €)		PASSIVA
I Anlagevermögen		**I Eigenkapital**	1.202.500,00
1. Grundstücke	150.000,00	**II Fremdkapital**	
2. BVG	1.050.000,00	*Langfristige Schulden*	
3. Maschinen	300.000,00	Langfr. Bankverbindlichkeiten	770.300,00
4. Fuhrpark	110.000,00	*Kurzfristige Schulden*	
5. Büromaschinen	90.000,00	Kurzfr. Bankverbindlichkeiten	218.700,00
6. Büromöbel/GA	45.000,00	Verbindlichkeiten bei Lieferern	46.000,00
II Umlaufvermögen			
1. Vorräte	310.000,00		
2. Forderungen	110.000,00		
3. Bankguthaben	54.500,00		
4. Kassenbestand	18.000,00		
Gesamtvermögen	**2.237.500,00**		**2.237.500,00**

Weiden, 31.12.20..   *Walter Weitblick*

4.1 Ermittle die Eigenkapitalquote.

4.2 Aus deiner Nachrichten-App kannst du den Durchschnittswert der Eigenkapitalquote mittelständischer Unternehmen in Deutschland entnehmen. Aktuell liegt er bei 30,3 %.
Vergleiche und beurteile die Eigenkapitalquote von BWW e. K. mit dem Durchschnittswert.

4.3 Überprüfe rechnerisch, ob BWW e. K. die Goldene Finanzierungsregel einhält.

AKTIVA	Bilanz zum 31.12.20.. (in €)		PASSIVA
Anlagevermögen	1.745.000,00	Eigenkapital	1.202.500,00
Umlaufvermögen	492.500,00	Langfristiges Fremdkapital	770.300,00
		Kurzfristiges Fremdkapital	264.700,00
Gesamtvermögen	**2.237.500,00**		**2.237.500,00**

Kunststoffwerk Krümmel
Ratterweg 24, 93413 Cham
E-Mail: kruemmel@t-online.de
Telefon (0 99 71) 20 00 / Fax (0 99 7 1) 200 02
USt.-IdNr. DE156164688 / St.-Nr. 8321/233/40440

BWW e. K.
Modestraße 37
92637 Weiden

Rechnung Nr. 587   Cham, 10.10.20..

Sehr geehrter Herr Weitblick,

für die Lieferung vom 03.10.20.. erlauben wir uns Ihnen zu berechnen

Einstärkengläser	Art. Nr. E 6420	5.770,00 €
Gleitsichtgläser	Art. Nr. G 7531	5.660,00 €
Warenwert netto		11.430,00 €
Umsatzsteuer 19 %		2.171,70 €
Gesamtbetrag		13.601,70 €

Zahlungsziel 30 Tage
Bei Bezahlung innerhalb von 10 Tagen erhalten Sie 2 % Skonto.
Bankverbindung: Frankenbank Cham, IBAN: DE21 5709 8700 0000 4509 88, BIC: DFBADENBPM1

5.1 Bilde den Buchungssatz für den Eingang der Rechnung bei BWW e. K.

5.2 Bilde den Buchungssatz, wenn BWW e. K. die Rechnung innerhalb der Skontofrist per Banküberweisung begleicht.

5.3 Ermittle rechnerisch, ob es sich für BWW e. K. gelohnt hat, das Konto für die Inanspruchnahme des Skontos zu überziehen, wenn die Bank 11 % Zinsen für die Überziehung berechnet hat.

6 Für den Kauf von drei neuen Maschinen benötigt BWW e. K. ein Bankdarlehen. Der Finanzierungsbedarf liegt bei 144.000,00 €.

Du hast bereits zwei Angebote eingeholt, die folgende Informationen enthalten.

Volkskasse Weiden	
Zinssatz:	3,50 % p. a.
Disagio:	4,00 %
Laufzeit:	9 Monate

Frankenbank Weiden	
Zinssatz:	4,30 % p. a.
Disagio:	5.000,00 €
Laufzeit:	9 Monate
Kreditsumme:	145.000,00 €
effektive Verzinsung:	9,05 %

Die Angaben zum Angebot der Volkskasse Weiden sind unvollständig.

6.1 Berechne die Höhe des tatsächlich benötigten Kredits bei der Volkskasse Weiden.

6.2 Berechne die tatsächlichen Kreditkosten bei der Volkskasse.

6.3 Berechne die effektive Verzinsung für das Kreditangebot der Volkskasse Weiden.

6.4 Nenne einen möglichen Grund dafür, dass sich dein Chef von BWW e. K. für das Angebot der Frankenbank Weiden entschieden hat.

Notenschlüssel

1	2	3	4	5	6
49–44,5 P	44–38,5 P	38–32 P	31,5–24,5 P	24–16 P	15,5–0 P

So lange habe ich gebraucht: _____

So viele Punkte habe ich erzielt: _____

Stegreifaufgabe 9

■ Inhalt: Formen der Kapitalanlage

Zeitbedarf: 18 Minuten

Als Mitarbeiter*in der Firma Kicker e. K., die Lederfußbälle in verschie-
denen Variationen herstellt, musst du noch ein paar Arbeiten erledigen.
Im Rahmen deiner Tätigkeit bist du in erster Linie mit den Aufgaben in der
Buchhaltung betraut. Aufgrund deiner sehr guten Qualifikation bist du
Hauptansprechpartner*in der Praktikantinnen und Praktikanten.

1 Udo Kicker möchte sein Geld sinnvoll anlegen. Eine mögliche Anlageform stellen Sichteinlagen dar.
Unterstreiche die richtige Antwort.

___ von 3 P

(A) Sichteinlagen sind Geldanlangen   mit / ohne   feste(r) Laufzeit.

(B) Sichteinlagen sind   jederzeit / erst nach fest vereinbarter Zeit   verfügbar.

(C) Beispiele für Sichteinlagen sind   Kündigungsgelder / Tagesgeldkonten .

2 Folgendes Dreieck liegt dir vor.

___ von 5 P

Sicherheit

Liquidität

2.1 Nenne den Fachbegriff für dieses Dreieck, das häufig als Entscheidungshilfe bei der Geldanlage
verwendet wird.

_____

2.2 Ergänze das dritte Kriterium in der Grafik.

2.3 Welche dieser Kriterien erfüllen Sichteinlagen? Erkläre.

_____

_____

2.4 Für Udo Kicker spielen nicht nur diese drei Kriterien eine Rolle. Nenne noch ein weiteres wichtiges
Kriterium bei der Entscheidung für eine Geldanlage.

_____

3 Udo Kicker hat seine Lagerhalle vermietet.

3.1 Ende Mai ist Rechnungsabschluss für das Geschäftsgirokonto. Udo Kicker prüft sein Onlinebankkonto auf dem Handy. Bilde die erforderlichen Buchungssätze für die erfassten Geschäftsfälle.

3.2 Udo Kicker hat Geld in Immobilien investiert. Nenne zwei mögliche Nachteile eines Immobilieninvestments.

3.3 Udo Kicker überlegt, sein Geld in Edelmetalle zu investieren. Gib eine Chance und ein Risiko dieses Investments an, um ihm bei der Entscheidung zu helfen.

3.4 Udo Kicker verteilt sein Risiko, weil er sein Vermögen in unterschiedliche Anlagemöglichkeiten investiert. Unterstreiche den Fachbegriff für Risikostreuung.

Divestment / Dividende / Divergenz / Diversifikation

Notenschlüssel

1	2	3	4	5	6	So lange habe ich gebraucht:
18–16,5 P	16–14 P	13,5–11,5 P	11–9 P	8,5–6 P	5,5–0 P	So viele Punkte habe ich erzielt:

Stegreifaufgabe 10

■ Inhalt: Wertpapiere

■ Zeitbedarf: 20 Minuten

Du bist Mitarbeiter*in in der Abteilung Rechnungswesen/Buchfüh-
rung im Unternehmen Flitzer-Inlineskates e. Kfr., das sich in seinem
Stammwerk in Deggendorf auf die Herstellung von Inlineskates
spezialisiert hat. Die Inhaberin ist Gerhild Flitzer. Im Rahmen deiner
Tätigkeit bist du mit den Aufgaben in der Buchhaltung betraut.

Flitzer
Inlineskates

1 Welche Aussagen zu Aktien sind richtig, welche falsch? Kreuze an (✗).   ___ von 6 P

	Richtig	Falsch
(A) München ist der wichtigste Börsenplatz.	☐	☐
(B) Spesen erhöhen die Anschaffungskosten.	☐	☐
(C) Wenn der Verkaufserlös niedriger ist als die Anschaffungskosten, spricht man von einem Kursgewinn.	☐	☐
(D) Beim Kauf von Aktien fallen 7 % Umsatzsteuer an.	☐	☐
(E) Der Bär symbolisiert steigende Kurse.	☐	☐
(F) Aktiengesellschaften schütten ihren Gewinn in Form einer Dividende aus.	☐	☐

2 Oje, der Azubi Michl findet folgenden unvollständigen Beleg und weiß nichts damit anzufangen.   ___ von 11 P

ABRECHNUNG WERTPAPIERKAUF   **Isarbank München**

Firma

Gerhild Flitzer e. Kfr.
Gewerbegebiet 10–12
94469 Deggendorf

Auftragsnummer:	837021
Verwahrungsart	Girosammeldepot
Depot-Nr.	941958885
Schlusstag/-zeit:	15.04.20.. um
	13:21:59 Uhr

ORDERABRECHNUNG
KAUF   AM 15.04.20..   UM 13:21:59 Uhr

Wertpapierbezeichnung	WKN	ISIN
Stahl-AG	215902	DE0086532145

Einheit	Umsatz (Stückzahl)	Kurs (€)
Stück	400	21,00

2.1 Erstelle die Abrechnung für den Beleg, wenn Spesen in Höhe von 1 % anfallen.

2.2 Bilde den erforderlichen Buchungssatz.

2.3 Aus welchen zwei Bestandteilen setzen sich die Spesen zusammen? Nenne sie.

2.4 Am 30.09.20.. schrieb die Bank für die Aktien der Stahl AG eine Stückdividende von 1,25 € gut. Erstelle den Buchungssatz für die Dividendengutschrift.

2.5 Die Isarbank belastet das Geschäftskonto mit Depotgebühren für die Stahl-Aktien mit 42,00 €. Buche.

3 Gerhild Flitzer möchte in ein neues Firmengebäude investieren und benötigt dafür das bereits in Aktien angelegte Geld. Beim Kauf der Aktien des Unternehmens Räder AG hatte Frau Flitzer für 200 Stück 7.100,00 € bezahlt. Ein Verkauf kommt für sie nur infrage, wenn sie keinen Verlust erwirtschaftet. Derzeit steht der Kurs bei 36,30 € (Spesen 1 %). ___ von 5 P

3.1 Begründe rechnerisch, ob Gerhild Flitzer die Aktien ohne Verlust verkaufen kann.

3.2 Bilde den Buchungssatz für den Verkauf der Aktien.

Notenschlüssel

1	2	3	4	5	6
22 – 20 P	19,5 – 17 P	16,5 – 14 P	13,5 – 11 P	10,5 – 6 P	5,5 – 0 P

So lange habe ich gebraucht: _____

So viele Punkte habe ich erzielt: _____

Stegreifaufgabe 11

■ Inhalt: Bewertung von Forderungen, Buchung von Forderungsausfällen

▨ Zeitbedarf: 20 Minuten

Du bist Mitarbeiter*in in der Abteilung Rechnungswesen/Buchführung im Unternehmen Tusnelda Klimper (kurz „MTK e. Kfr."), das Modeschmuck herstellt. Im Rahmen deiner Tätigkeit liegen dir verschiedene Arbeitsaufträge vor.

Tusnelda
Klimper

1 Du bist für die Praktikantenbetreuung zuständig.   ___ von 5 P

1.1 Der Praktikant Servatius stellt zur Abschreibung auf Forderungen zunächst ein paar Vorüberlegungen an. Hilf ihm, indem du jeweils die richtige Auswahlantwort unterstreichst.

(A) Das Konto   2470 ZWFO   /   3680 PWB   ist ein ruhendes Konto.

(B) Am Jahresende erfolgt die Bewertung aller   uneinbringlichen   /   zweifelhaften   Forderungen.

(C) Einwandfreie Forderungen werden   einzeln   /   pauschal   bewertet.

(D) Sobald feststeht, dass eine Forderung ganz oder teilweise verloren ist,   muss   /   darf nicht   die Umsatzsteuer ausgebucht werden.

1.2 Servatius hat im Zusammenhang mit Forderungen den Ausdruck „indirekte Abschreibung" gehört. Erkläre, was darunter zu verstehen ist.

_____

_____

_____

2 Die Zahlungsmoral mancher Kunden lässt leider zu wünschen übrig und bereitet einige Unannehmlichkeiten. Bilde jeweils den erforderlichen Buchungssatz zu folgenden Vorgängen.   ___ von 11 P

2.1 Der Kunde Edelstein hat sich überraschend ins Ausland abgesetzt; derzeit besteht keine Aussicht auf den Erhalt der Forderung in Höhe von 5.236,00 €.

2.2 Kunde Glitzi hat eine offene Rechnung über 7.449,40 € bisher immer noch nicht beglichen. Bei der Eröffnung des Insolvenzverfahrens wurde die erforderliche Buchung bei MTK vorgenommen. Vor Kurzem wurde dieses Verfahren abgeschlossen und eine Insolvenzquote von 25 % festgelegt. Heute ist die entsprechende Zahlung auf dem Konto von MTK e. Kfr. eingegangen.

2.3 Eine zweifelhafte Forderung gegenüber Firma Perle wurde bereits vollständig abgeschrieben. Nun zahlt Frau Perle wider Erwarten 1.011,50 € in bar.

3 Am 31.12.20.. liegt dir dieses unvollständige Rechenblatt vor. ___ von 5 P

	A	B	C	D	E	F
1	**Einzelwertberichtigung auf zweifelhafte Forderungen**				geschätzter Ausfall	
2	Kunde	ZWFO brutto	anteilige UST	ZWFO netto	in Prozent	in Euro
3	Trends	€	€	€	20 %	390,00 €
4	Arts	€	2.869,00 €	€	80 %	€
5	Fissil	8.817,90 €	€	€	35 %	€
6						
7				**Summe der geschätzten Ausfälle**		€

3.1 Berechne alle fehlenden Werte und trage sie in die obige Tabelle ein.

3.2 Bilde den Buchungssatz für die indirekte Abschreibung der zweifelhaften Forderungen am 31.12.

Notenschlüssel

1	2	3	4	5	6	So lange habe ich gebraucht:	_____
21–19 P	18,5–16,5 P	16–13,5 P	13–10,5 P	10–6 P	5,5–0 P	So viele Punkte habe ich erzielt:	_____

Schulaufgabe 5

■ Inhalt: Kapitalanlage, Ausfall und Bewertung von Forderungen

▨ Zeitbedarf: 50 Minuten

Du bist Mitarbeiter*in in der Abteilung Rechnungswesen/Buchführung
beim Unternehmen X-Phone Xaver Xödl e. K., das Handys herstellt. Im
Rahmen deiner Tätigkeit bist du mit den Aufgaben in der Buchhaltung
betraut. Deine Chefin bittet dich, ihre Aufzeichnungen zu vervollständi-
gen bzw. zu berichtigen. Zusätzlich kümmerst du dich zeitweise um
Betriebspraktikantinnen und -praktikanten der örtlichen Realschule.

Informationen zum Unternehmen X-Phone e. K.:

Inhaber .... Xaver Xödl
Rechtsform .... Einzelunternehmen
Anschrift (Firmensitz) .... Gewerbestr. 11–13, 95444 Bayreuth
Zweck des Unternehmens .... Fertigung von Handys
Geschäftsjahr .... 1. Januar bis 31. Dezember 20 . .

Werkstoffe

Rohstoffe .... Kunststoffgranulate, verschiedene Metalle
Fremdbauteile .... SIM-Karte, Glas ...
Hilfsstoffe .... Kunststoffkleber, Schrauben ...
Betriebsstoffe .... Strom, Gas, Wasser, Reinigungsmittel ...

1 Folgende Infografik findest du auf deiner Nachrichten-App.   ___ von 3 P

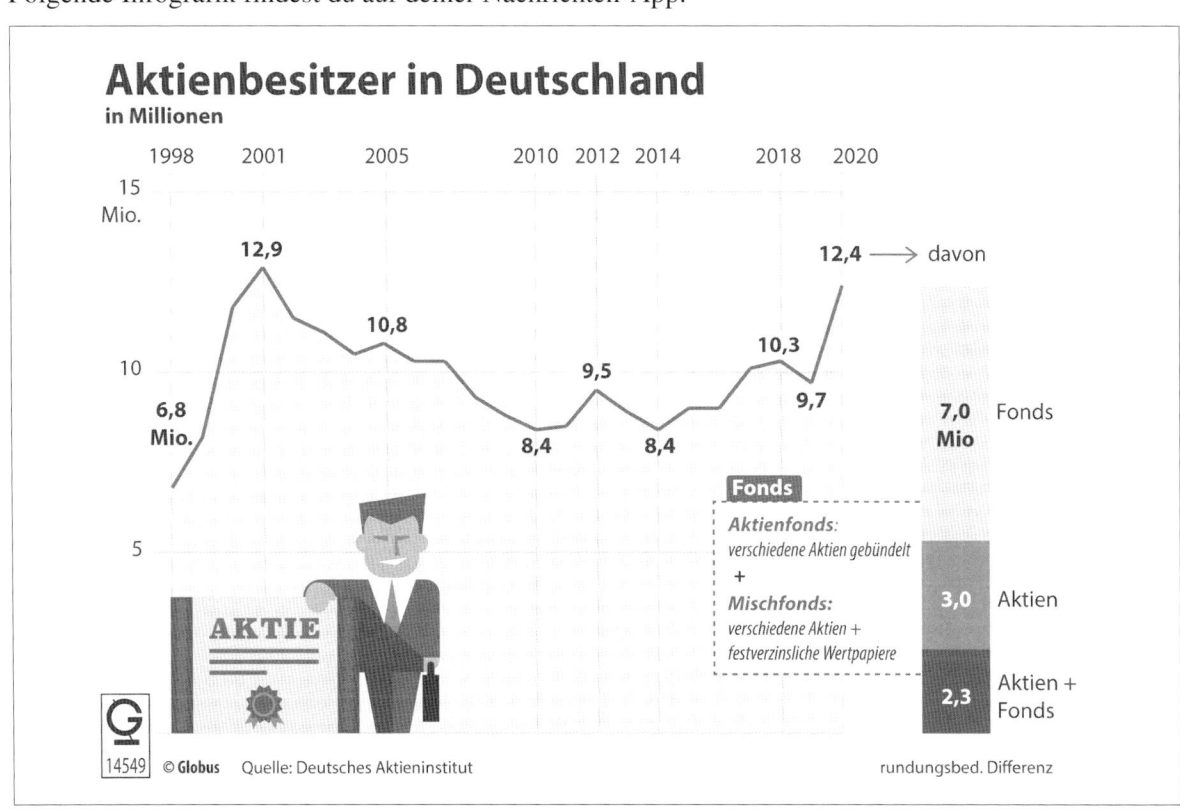

1.1 Ermittle die prozentuale Steigerung der Aktienbesitzer vom Jahr 2010 bis zum Jahr 2020.

1.2 Berechne den Anteil der Anleger mit der Kombination „Aktien + Fonds" im Jahr 2020 in Prozent.

2 Zudem entdeckst du folgenden spannenden Artikel.

▌ KEINE AUSSICHT AUF STEIGENDE ZINSEN – ALTERNATIVE ETF?

(...) Anleger haben natürlich auch die Möglichkeit, ihr Geld selbst in die Hand zu nehmen und auf eigene Faust Aktien einzelner Unternehmen zu kaufen. (...)

Wer sich das nicht traut, aber dennoch in Aktien investieren will, kann sein Geld in einen sogenannten Exchange Traded Fund (ETF) anlegen. Diese Fonds bilden (...) einen Börsenindex nach. Das kann der deutsche Aktienindex (DAX) sein oder andere Indizes wie der US-Leitindex Dow Jones. Die Wertentwicklung eines ETF ist eng an den jeweiligen Index gekoppelt. Dadurch sind die Gebühren meist niedriger als bei anderen Fonds. Ohne Risiko ist eine Anlage am Aktienmarkt natürlich nicht: Sinkt der hinter einem ETF liegende Index, weil die darin liegenden Aktien nachgeben, verliert auch der Fonds an Wert.

Dennoch erfreuen sich ETFs wachsender Beliebtheit. Fast 7.000 dieser Fonds soll es Branchenexperten zufolge geben. Das liegt auch an der Niedrigzinsphase. Sie sorgt dafür, dass mehr Menschen ihr Geld in Fonds anlegen als früher. Viele sind mit dieser Strategie gut gefahren und haben bessere Renditen erzielt, als sie auf einem Tagesgeldkonto erreicht hätten. So konnte allein mit einem ETF auf den DAX in den letzten fünf Jahren eine Rendite von 55 Prozent eingefahren werden – vorausgesetzt, man behielt zu Beginn der Pandemie die Nerven und verkaufte nicht, als die Märkte im Frühjahr 2020 um ein Drittel einbrachen.

Lothar Gries, tagesschau.de: Wohin mit dem Ersparten in der Inflation?, Tagesschau.de vom 22.06.2021, https://www.tagesschau.de/wirtschaft/finanzen/inflation-schutz-geld-aktien-anlage-101.html

---

2.1 Welche Aussagen zur Grafik und zum Text sind richtig, welche falsch? Kreuze an (✗).

	Richtig	Falsch
ETFs sind eine Nachbildung eines Börsenindexes.	☐	☐
Die Nebenkosten sind genauso hoch wie bei Fonds.	☐	☐
Sinkt z. B. der DAX, dann steigt der ETF.	☐	☐
Die ETFs bringen eine jährliche Rendite von 55 %.	☐	☐

2.2 Xaver Xödl legt großen Wert auf Sicherheit bei der Geldanlage. Deshalb hat er im Februar 60.000,00 € in Festgeld angelegt. Berechne die erzielten Zinsen bei einem Zinssatz von 0,90 % und einer Laufzeit von 320 Tagen.

2.3 Bilde den Buchungssatz für die Bankgutschrift der Zinsen.

3 Zur Erneuerung des Fuhrparks beschließt X-Phone, einen Lieferwagen für die Kundenbetreuung anzuschaffen. Der Lieferwagen soll unter anderem durch den Verkauf von Aktien finanziert werden. ___ von 15 P

3.1 Beim Kauf der Henkel-Aktien betrugen die Anschaffungskosten 10.849,62 €. Bilde den Buchungssatz für den Kauf der Aktien.

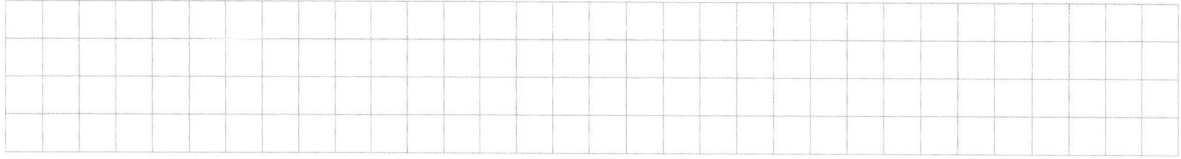

3.2 Für den Tag des Aktienkaufs hat X-Phone folgenden Tageskurs der Henkel-Aktien ausfindig gemacht. Ermittle, wie viele Aktien Xaver Xödl erworben hat, wenn die Spesen 1 % vom Kurswert betrugen.

Tops			Flops		
COMMERZBANK A	1,04		ADIDAS AG	−1,78	
7,66 €	15,65 %		84,00 €	−2,08 %	
DT. TELEKOM	0,70		BEIERSDORF	−0,93	
9,75 €	7,71 %		67,30 €	−1,36 %	
K + S	0,87		SAP	−0,48	
17,85 €	5,09 %		56,10 €	−0,85 %	
HENKEL	2,17		MÜNCH. RÜCK	−0,65	
76,73 €	2,91 %		143,65 €	−0,45 %	
LANXESS	1,10		SIEMENS	−0,28	
45,50 €	2,48 %		83,15 €	−0,34 %	

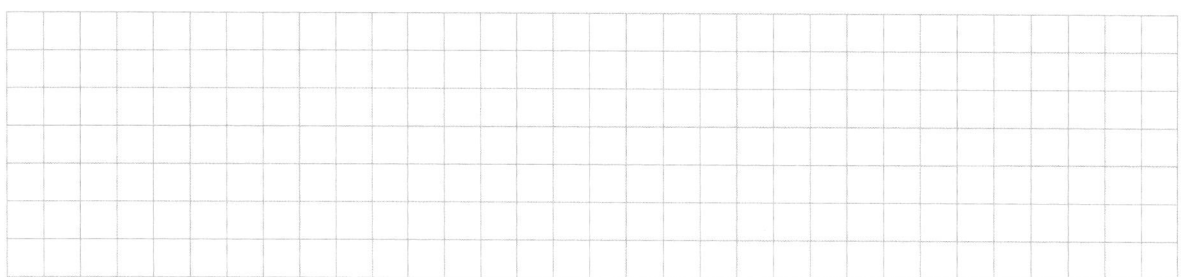

3.3 Folgender Buchungssatz liegt dir vor. Formuliere einen passenden Geschäftsfall.

2800 BK   an   5780 DDE   124,00 €

3.4 Dieser Abschnitt eines Kontoauszugs liegt dir vor. Bilde den entsprechenden Buchungssatz.

Sparbank Bayreuth			**K O N T O A U S Z U G**	IBAN: DE21 7807 5555 0006 8255 90
				BIC: BDELDEM1DE

○ **Kontoauszug** 20. März /9:18 Uhr			Firma X-Phone Handys Gewerbestr. 11 – 13 95444 Bayreuth	Nummer 25 Seite 1/1
Bu.-Tag	Wert	Bu.-Nr.	Vorgang	Betrag (€)
19.03.	19.03.	6543	Verkauf der Henkel-Aktien	12.580,00 (+)

3.5 Die Bank belastet das Konto mit Depotgebühren in Höhe von 18,00 €. Bilde den erforderlichen Buchungssatz.

3.6 Vervollständige folgenden Lückentext, indem du die fehlenden Begriffe einsetzt.

Das wichtigste Börsenbarometer in Deutschland ist der DAX. Er umfasst die _____

umsatzstärksten deutschen Unternehmen. In den USA ist der _____ der

bekannteste Aktienindex. Grundsätzlich fallen beim Kauf von Aktien Spesen an, die sich aus der

Provision für die Bank und der _____ für den Börsenmakler zusammensetzen.

4 Im Internet hast du unterschiedliche Einträge zu „Insolvenz" gefunden. ___ von 6 P

4.1 Lange bevor ein Unternehmen Insolvenz anmelden muss, gibt es in der Regel bereits Indizien dafür, dass es in finanziellen Schwierigkeiten steckt. Nenne ein Anzeichen.

4.2 Nenne ein Beispiel für einen konkreten Fall, bei dem ein Forderungsausfall endgültig feststeht.

4.3 Bringe den Ablauf des Insolvenzverfahrens in die richtige Reihenfolge, indem du den einzelnen Schritten die Ziffern 1–4 richtig zuweist.

Der Insolvenzberater überprüft das Vermögen. ☐

Es folgt eine Liquidation bzw. Sanierung des Unternehmens. ☐

Der Insolvenzantrag wird gestellt. ☐

Das Insolvenzverfahren wird eröffnet oder mangels Masse abgelehnt. ☐

5 Folgender Beleg liegt vor. ___ von 8 P

X-Phone Xaver Xödl e. K. ▼ Gewerbestr. 11–13 ▼ 95444 Bayreuth

An
Mobilfunkfachgeschäft MFFG
Industriestraße 15
95444 Bayreuth

Xaver Xödl
X-Phone
X-Phone Handys

RECHNUNG	Nr: 598		Kunden-Nr.: 1758	Re-Datum: 16.05.20..

Artikel-Nr.	Stück	Artikelbezeichnung	Einzel [€]	Gesamt [€]
3489	2	Handy X-Phone Maxi	643,00	1.286,00
3897	8	Handy X-Phone Pro	450,00	3.600,00
			Warenwert, netto	4.886,00
			Umsatzsteuer, 19 %	928,34
			Rechnungsbetrag	**5.814,34**

5.1 Bilde den entsprechenden Buchungssatz.

5.2 Heute gehen zu dieser Rechnung auf dem Konto 5.698,05 € ein. Berechne den Skontoabzug in % und bilde den entsprechenden Buchungssatz.

6 Auf deinem Schreibtisch liegen verschiedene Belege, die buchhalterisch erfasst werden müssen. Bilde jeweils die notwendigen Buchungssätze.

6.1 Beleg 1:

TELEFONNOTIZ		
Gesprochen mit: *Frau Gruber*	Datum: *08.08.*	
	Uhrzeit: *10:05*	
Firma: *Handystudio an der Donau*		
Telefon: *0821 – 45 89 635*		
E-Mail: *handystudio@augsburg.de*		
Betreff: *Handystudio bittet um Stundung der Rechnung Nr. 12565 über 2.936,92 Euro.*		

6.2 Anfang Oktober ist das Insolvenzverfahren gegenüber dem „Handystudio an der Donau" (vgl. Aufgabe 6.1) durch den Insolvenzverwalter Schlau abgeschlossen und am 10.10. die entsprechende Zahlung auf dem Firmenkonto eingegangen. Ermittle die Insolvenzquote in Prozent (siehe BuNr. 6543).

Beleg 2:

Städtebank Augsburg		KONTOAUSZUG	
○ **Kontoauszug** 11. Oktober/14:14 Uhr	Firma X-Phone Handys e. K. Gewerbefeld 11–13 95444 Bayreuth	Nummer 25 Seite 1/1	
Bu.-Tag	Wert	Bu.-Nr.	Vorgang	Betrag (€)

Bu.-Tag	Wert	Bu.-Nr.	Vorgang	Betrag (€)	
10.10.	11.10.	6543	Schlau Insolvenzverwalter – Zahlung vom „Handystudio an der Donau" Rechnung Nr. 12565	881,08	+
10.10.	11.10.	6544	Nachzahlung aus Rechnung 1237/60 Fa. Geizhals	1.713,60	+

○ Kontokorrentkredit € 50.000,00	alter Kontostand	331,03	–
(+) = Banklastschrift	(–) = Bankgutschrift	neuer Kontostand	2.263,65	+
IBAN: DE21 7655 0000 0000 6534 65 BIC: BELADENM1SS			

6.3 BuNr. 6543: Bilde den erforderlichen Buchungssatz.

6.4 BuNr. 6544: Die Forderung gegenüber Fa. Geizhals wurde bereits im August vollständig abge-schrieben. Erfreulicherweise ging am 10.10. eine Nachzahlung ein, die du noch verbuchen musst.

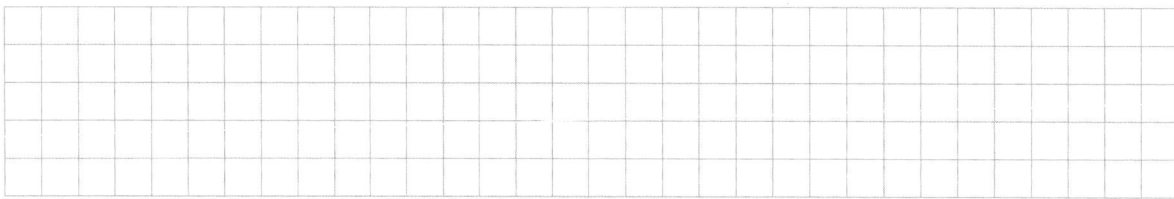

Notenschlüssel

1	2	3	4	5	6
50–45 P	44,5–39 P	38,5–32 P	31,5–25 P	24,5–17 P	16,5–0 P

So lange habe ich gebraucht: _____

So viele Punkte habe ich erzielt: _____

Schulaufgabe 6

■ Inhalte: Kapitalanlage, Ausfall und Bewertung von Forderungen

▓ Zeitbedarf: 50 Minuten

Klara Duftig hat sich in ihrem Werk in Dingolfing auf die Produktion von hochwertigen Seifen aller Art spezialisiert. Als Mitarbeiter*in in der Buchhaltungsabteilung der Firma „K-D-Seifen e. Kfr." bist du für die Bearbeitung verschiedener Aufgaben zuständig. Zusätzlich kümmerst du dich zeitweise um die Jugendlichen im Betriebspraktikum.

Informationen zum Unternehmen

Inhaber	Klara Duftig
Rechtsform	Einzelunternehmen
Anschrift	Duftweg 10–12, 84131 Dingolfing
Zweck des Unternehmens	Fertigung von exklusiven Seifen
Geschäftsjahr	1. Januar bis 31. Dezember 20..

Werkstoffe

Rohstoffe	tierische und pflanzliche Fette …
Hilfsstoffe	Natronlaugeplättchen, Duftöle, Säure, Lebensmittelfarbe, Mandeln, Honig, Blüten, Gewürze …
Betriebsstoffe	Strom, Gas, Wasser, Reinigungsmittel …

1   Praktikantin Auguste hat ein paar Begriffe im Wirtschaftslexikon recherchiert. Ordne die Fachbegriffe den Definitionen durch Verbindungslinien richtig zu.   ___ von 3 P

Fachbegriff	Definition
Rendite	…prozentualer Betrag, den jemand von der Bank für seine Einlagen bekommt oder der für vorübergehend geliehenes Geld bezahlt werden muss.
DAX	… bezeichnet das Verhältnis der Auszahlungen zu den Einzahlungen einer Geld- bzw. Kapitalanlage und wird meist in Prozent und jährlich angegeben.
Zins	… spiegelt die Entwicklung der 30 größten und umsatzstärksten an der Frankfurter Wertpapierbörse gelisteten Unternehmen wider.

2   Klara Duftig verfolgt seit Längerem den Kurs der Aktien des großen Spielzeugherstellers „Kinderparadies". Nachdem zu Beginn des Jahres 2018 der Kaufkurs bei 53,40 € lag, entschloss sie sich am 15. Februar, 255 Stück für 51,60 € zu kaufen.   _ von 16 P

2.1 Bilde den Buchungssatz für den Kauf der Aktien (Spesen 1 % vom Kurswert).

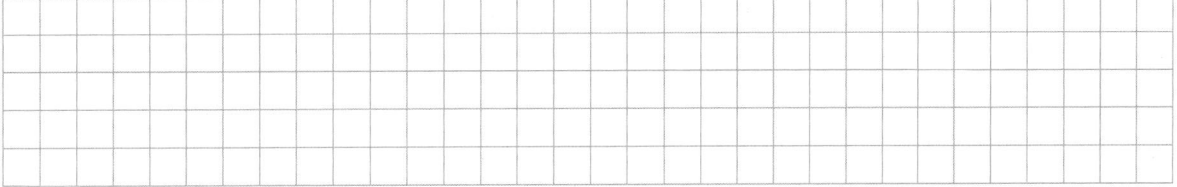

2.2 Auguste bittet dich, ihr bei der Bearbeitung des verschmutzten Vorkontierungsblatts behilflich zu sein.

BA	Datum	Soll	Haben	BNr.	Text	`B/N	Betrag (EUR)	UCo
B	20.03.	2800	5780	55	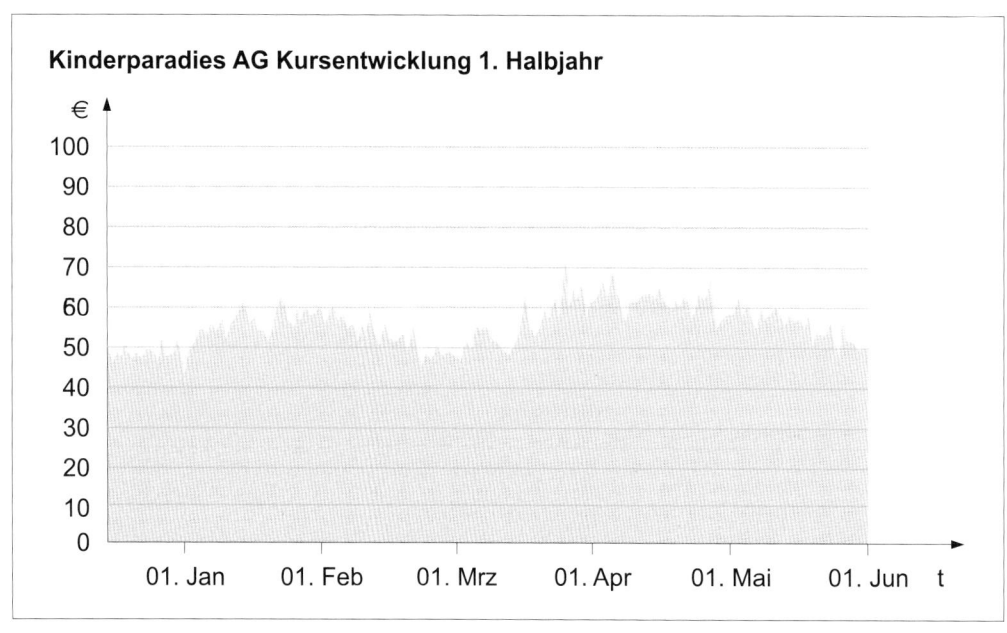	–	357,00	–

– Formuliere den Geschäftsfall zu der Eintragung mit der Belegnummer 55.

– Berechne die Stückdividende der Kinderparadies-Aktien unter der Annahme, dass Klara Duftig eine Dividende von insgesamt 357,00 € für diese Aktien erhalten hat.

2.3 Am 01. Juni entschließt sich Klara Duftig, ihre Kinderparadies-Aktien wieder zu verkaufen, weil sie liquide Mittel benötigt.

Kinderparadies AG Kursentwicklung 1. Halbjahr

– Erkläre der Praktikantin Auguste den Ausdruck „liquide".

– Bilde den Buchungssatz für den Verkauf der Aktien zum 01. Juni.

2.4 Bilde den Buchungssatz.

Netto	€	280	Cent	00
+ 19 % UST	€	53	Cent	20
Gesamt	€	333	Cent	20

Quittung
Nr. 44

Gesamtbetrag € in Worten
dreihundertdreiunddreißig   Cent wie oben

(im Gesamtbetrag sind 19 % Umsatzsteuer enthalten)

von *Schrott- und Alteisenhandel, Ägidius*

für *Garagenmiete Monat Mai*

dankend erhalten zu haben, bestätigt

Ort *Dingolfing*   Datum *1. Juni 20..*

Buchungsvermerke

Stempel/Unterschrift des Empfängers
K. Duftig
Klara Duftig
Duftweg 10/12
84131 Dingolfing

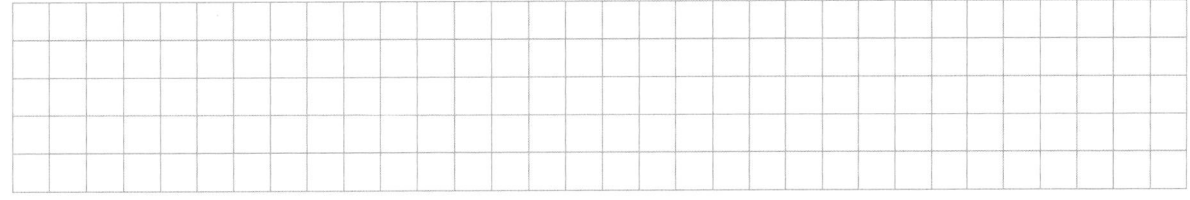

3 Aus einer Broschüre liegt dir eine Infografik zu Unternehmensinsolvenzen vor.   ___ von 7 P

3.1 Erkläre zunächst den Begriff „Insolvenz".

Insolvenz bedeutet _____, das heißt, _____

_____.

3.2 Sind die Aussagen richtig oder falsch?
Kreuze an (✗).

Die Daten stammen von Globus.

Richtig   Falsch
☐   ☐

Mehr als ein Viertel der Unternehmen wurde 3 – 8 Jahre alt.

Richtig   Falsch
☐   ☐

2015 schlitterten weniger Unternehmen in die Insolvenz als 2020.

Richtig   Falsch
☐   ☐

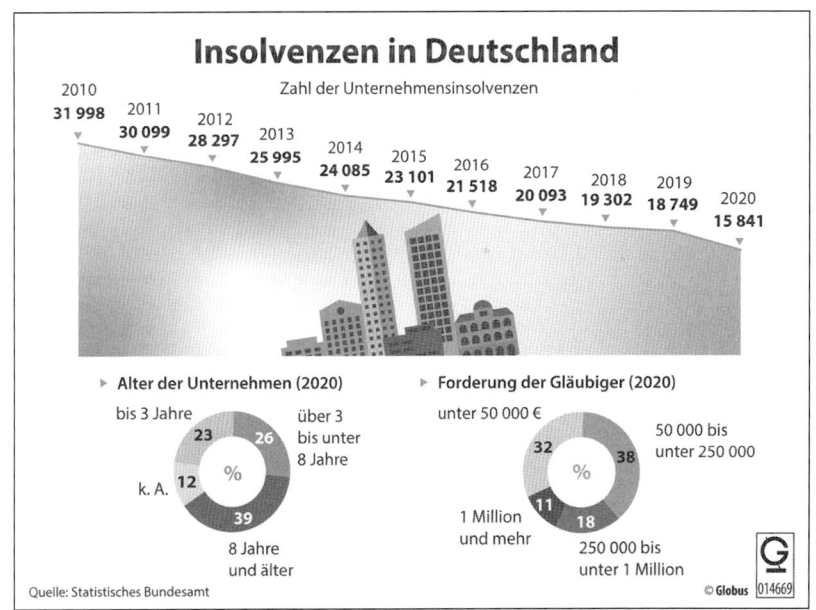

Insolvenzen in Deutschland

Zahl der Unternehmensinsolvenzen

2010 **31 998**
2011 **30 099**
2012 **28 297**
2013 **25 995**
2014 **24 085**
2015 **23 101**
2016 **21 518**
2017 **20 093**
2018 **19 302**
2019 **18 749**
2020 **15 841**

▸ **Alter der Unternehmen (2020)**

bis 3 Jahre 23 | 26 über 3 bis unter 8 Jahre
k. A. 12 | %
39
8 Jahre und älter

▸ **Forderung der Gläubiger (2020)**

unter 50 000 € 32 | 38 50 000 bis unter 250 000
1 Million und mehr 11 | %
18
250 000 bis unter 1 Million

Quelle: Statistisches Bundesamt   © Globus 014669

3.3 Berechne die prozentuale Veränderung der Insolvenzen von 2015 auf 2020.

4 Zur Ergänzung des Sortiments führt K-D-Seifen e. Kfr. auch Seifendosen und Seifenspender.

Duftig-Seifen * Duftweg 10–12 * 84131 Dingolfing

Firma Drogerie Schmierig

Am Markt 35

94315 Straubing

Tel.: 08731-998877
Fax: 08731-998878
www.duftig-seifen.de
Steuernummer: 100/628/932123
USt-ID-Nr.: DE 9638527410

Rechnung

	Re-Nr.:	Kunden-Nr.:	Re-Datum:
	2582-33	4455	14.04.20..

Artikelbezeichnung	Menge [Stück]	Einzelpreis [€]	Gesamtpreis [€]
Seife „Fliffy"	1.000	0,35	350,00
Flüssigseife „Fluffy"	230	1,50	345,00
		Gesamtsumme netto	695,00
		Umsatzsteuer, 19 %	132,05
Ziel: 14. Mai rein netto		Gesamtsumme brutto	827,05

4.1 Bilde den Buchungssatz für obigen Beleg.

4.2

Bekanntmachung in gerichtlichen Verfahren
Insolvenzverfahren – 6AB 14258/09
Über das Vermögen der Firma Drogerie Schmierig, Am Markt 35, 94315
Straubing, wurde am 15.05.20.. das Insolvenzverfahren eröffnet.
Amtsgericht - Insolvenzgericht - Straubing

Bilde zu dieser Mitteilung in der Tageszeitung den Buchungssatz.

4.3 Nenne einen Grund, der den Kunden Schmierig in die Insolvenz geführt haben könnte.

4.4 Die Insolvenzquote beträgt 20 %. Die entsprechende Zahlung ist heute auf dem Firmenkonto eingegangen. Bilde den erforderlichen Buchungssatz.

5 Du erstellst folgenden Beleg.   ___ von 8 P

Duftig-Seifen * Duftweg 10–12 * 84131 Dingolfing

Tel.: 08731-998877
Fax: 08731-998878
www.duftig-seifen.de
Steuernummer: 100/628/932123
USt-ID-Nr.: DE 9638527410

Seifenparadies Susi Blumig e. K.

Kleestraße 35

80486 München

Mahnung	Re-Nr.:	Kunden-Nr.:	Re-Datum:
	444/22	4477	01.04.20..

Sehr geehrte Damen und Herren,

leider konnten wir zu unserer Rechnung Nr. 444/22 vom 18. Januar, zur Zahlung fällig am 18. Februar, trotz mehrfacher Zahlungserinnerung bis heute, 01. April, noch keinen Zahlungseingang feststellen. Daher sehen wir uns gezwungen, Ihnen nachfolgende Kosten in Rechnung zu stellen:

Rechnungsbetrag, fällig am 18.02.	5.800,00 €
+ Verzugszinsen	66,74 €
+ Kostenpauschale (Mahnspesen)	25,00 €
Gesamtbetrag	**5.891,74 €**

Gleichzeitig bitten wir um die sofortige Begleichung aller offenen Beträge.

Falls Sie die Rechnung zwischenzeitlich beglichen haben, bitten wir Sie, dieses Schreiben als gegenstandslos zu betrachten.

Mit freundlichen Grüßen

Klara Duftig

Bankverbindung: Sparbank Dingolfing   IBAN: DE10 7405 1199 0003 4567 89   BIC: SBBADEM1SR

5.1 Bilde den Buchungssatz für

– die Verzugszinsen und die Kostenpauschale.

– den Zahlungseingang des Gesamtbetrags auf dem Geschäftsbankkonto.

5.2 Einem möglichen Forderungsausfall kann Klara Duftig durch Factoring entgegenwirken. Streiche die falschen Aussagen durch und korrigiere.

	Richtig	Falsch
Factoring ist eine Möglichkeit der Absicherung von Verbindlichkeiten.	☐	☐
Leistungen des Factors sind z. B. die Übernahme des Ausfallrisikos und eine langfristige Finanzierung.	☐	☐
Factoring verbessert die Beziehung von Klara Duftig zu ihren Kunden.	☐	☐

6. Zum Jahresabschluss liegen im Konto 2400 FO folgende Eintragungen vor.

S		2400 FO		H
AB	59.500,00	1. BK	4.760,00	
3. FO, UST	2.975,00	2. ZWFO	2.380,00	
		SBK	55.335,00	
	62.475,00		**62.475,00**	

6.1 Die Pauschalwertberichtigung ist auf 1 % des Forderungsbestands festzusetzen. Bilde den Buchungssatz.

6.2 Wie lautet der Abschluss des Kontos 2400 FO. Unterstreiche die richtige Antwort.

8010 SBK an 2400 FO 55.335,00 €

8010 SBK an 2400 FO 62.475,00 €

2400 FO an 8010 SBK 55.335,00 €

2400 FO an 8010 SBK 62.475,00 €

Notenschlüssel

1	2	3	4	5	6	So lange habe ich gebraucht: _____
49–44,5 P	44–38,5 P	38–32 P	31,5–24,5 P	24–16 P	15,5–0 P	So viele Punkte habe ich erzielt: _____